日本に「民主主義」
を起業する

― 自 伝 的 シ ン ク タ ン ク 論

何谓智库

我 的
智 库 生 涯

〔日〕铃木崇弘 著

潘郁红 译

社会科学文献出版社
SOCIAL SCIENCES ACADEMIC PRESS (CHINA)

当现实国家的行动和态度扑朔迷离时，我们思考国家的理想；当现实国家动荡不安时，我们思考理想的国家。这并非逃避现实，而是为了对现实做最强有力批判所必需的飞跃。身居现实方能批判现实，但执着于现实之中则无法批判现实。亦即我们不能就现实来批判现实，唯有通过理想才能批判现实。

（矢内原忠雄：《矢内原忠雄全集十八卷》）

序　言

最近几年，在中国大地上掀起了一股智库热，即随着中国的快速发展以及各类国内和国际问题的增多，从政府到民间对这些问题的关注度都在提升，自然而然对内外各类问题的研究以及寻找应对之策就有了极大的社会需求，因此各类智库便应运而生。然而，与大量智库出现形成鲜明对照的却是对智库本身的研究并不多见，造成这种情形的原因可能是大部分研究者都沉醉于初期的智库建设和试图很快做出重大研究成果和拿出惊世之作，而对智库本身却没有给予应有的关注。因此，在遍地出现智库的热潮中，似乎并没有多少人想要去弄清楚究竟应该如何去定义智库，真正的智库应该是什么样的，以及智库主要的功能有哪些，等等。然而，一种社会现象的出现，除去要了解其出现的背景和原因之外，也需要对这种现象做出一些基本的研究和界定。由日本学者铃木崇弘所著、中共中央党校副教授潘郁红女士翻译的《何谓智库：我的智库生涯》一书的出版，应该说恰逢其时，某种程度上弥补了国内对智库本身缺乏研究这方面的不足，能够让我们在一片智库热的氛围之中稍稍冷静下来去研究智库本身，比如什么才是真正应该有的智库、智库的主要功能是什么、建成有效智库所需的社会条件是什么，等等。而且，相信本书的翻译出版对在认识理解和研究智库的基础之上使已有或未来的智库运作得更好也具有积极的意义和价值。

那么，究竟什么是智库呢？简单地说，所谓智库，顾名思义就是智慧之库或思想之库，即能够为社会提供智慧和思想或者能够为某一层次的决策机构或决策者就某一事项提供解决问题的意见或具体计划方案的机构。不过，就像给任何事物下一个明确无误又不会引起争议的定义都几乎是一件不可能的事情一样，对智库的理解也是见仁见智，因人而异。尤其要给出所谓"真正智库"的定义，就更加不容易。比如，本书作者在书中列举了美国、日本、欧洲和亚洲其他众多国家或地区的一些智库，作者本人也亲自参与了一些智库的研究活动，本书其实就是作者在亲身经历了若干智库的活动乃至组建基础之上写成的，然而作者对智库的定义却严格得多，用作者的话说，真正的智库应该是"在民主主义社会中，非政策执行者运用学术的理论和方法，为保障在准确数据基础上的科学决策，开展有时效性的政策建言、提案、政策评价和监督等工作，使政策制定过程充满多元性和竞争性，促进市民参与政治，抑制政府垄断的组织"，并且认为智库应该是民间的、非营利的、独立的和公益性的，按照如此严格的定义来看，作者自己列举的一些智库就难以被称为智库了，在书中其实作者也一再地认为日本缺乏真正的智库，或者至少缺乏美国式的智库，因为只有后者才能被称为真正的智库。

其实，对智库本来就可以从广义和狭义两个方面来理解，这样就可以消除人们对智库定义的困惑了。广义上的智库应该包括所有通过研究拿出报告或方案的机构，而狭义上的智库才应该是那些具备了所谓"民间的、非营利的、独立的和公益性"

特点的智库。作者书中所说之智库，应该说既包括广义上的智库，也包括狭义上的智库，即作者在列举各国和各个地区的智库时基本上是指广义上的智库，但是在论述想要建成的智库时又使用了狭义上的智库概念。也就是说，作者为了研究智库，对现有大部分的智库都进行了列举和论述，其中使用的当然是广义上的定义，但是同时对现有智库的现状，尤其是对日本自身的智库现状又有很多的不满意之处，因此要追求一种理想状态的智库，即所谓"真正的智库"，这时所指的智库就是狭义上的定义了。

如果按照作者书中所给出的严格意义上的智库概念，要建成真正的智库需要具备很多严格的条件，比如需要一个民主多元的社会制度或社会体制，需要政府之外的机构对某些社会内外事务进行公开讨论和提出建议，需要社会的开放和包括媒体及市民在内多种意见的参与，等等，而且其目的不仅在于为政府或其他部门的决策提供方案，更在于对政府的决策进行监督以避免政府对决策的垄断。当然，即使理想中的真正智库，也未必一定要具备如此严格的条件，尤其对那些不同于日本乃至西方国家社会制度或社会体制的国家而言就更是如此，难不成不同于西方社会制度或社会体制的国家就永远不可能有真正的智库了吗？不过，作者对建设真正智库的追求，仍然显示了作者的一种社会责任感，即既认为智库是社会组织构成的一部分，也想要通过建设理想中的智库追求一种理想社会的实现。

而且，不论作者对智库的定义有多么严格，日本同中国的社会制度或社会体制有多么不同，作者在本书中对智库的研究内容或结论对中国的智库研究肯定会有一定的借鉴意义或启示作用，因为毕竟日本同中国在文化上同属于东方国家，存在众多文化上的共同性，从社会发展的发达程度而言，日本总体上也要比中国发达，在智库的出现和对智库的研究方面应该说日本也要早于中国。对眼下中国社会智库大批涌现的现象，如何在对智库进行深入研究的基础之上让这些智库健康有效地运行并为政府决策和社会发展做出贡献，应该是中国智库发展的应有之义，而要做到这一点就必须研究和借鉴包括日本在内的世界各国的智库运行情况和关于智库的研究结果。比如，本书除去提出建立真正智库的社会制度和环境以及主体、运作方式及其功能和作用外，还认为独立、客观、真实和公正是作为智库所必需的，其中尤其是独立，堪称智库的生命所在。当然，这里的独立并非指不受任何管束和约束的独立，而是指研究的独立，即依据充分的资料和调查研究客观独立地得出研究结果并提出相对正确度高的可行性方案，为某项决策提供服务。应该说，不论在何种制度和体制之内，独立的研究而非依附于权力或为了迎合某种势力需要所进行的研究，都是所有智库的生命所在。

何况，智库也确实与社会有着千丝万缕的联系，或者说智库的建设其实应该是一项社会的系统工程，既需要某种制度的保障，也需要社会的开放和宽容，还需要关于智库的宣传教育和人才培养，当然更需要必要的资金来源和社会网络的建立，等等。总之，良好的社会环境才能够促使真正智库出现，也才能够使智库正常运转和为政府决策、社会发展做出应有的贡献。中国社会的快速发展催生了大量智库，如何借鉴国外已有智库的运行经验和教训，使中国的智库在质量上有所提高，可能是未来中国智库发展应该予以思考的问题。

尽管我已经通读了本书的译稿，也对本书的内容做了以上的一点评述以及提出了一点自己的看法，但是实际上我对本书作者铃木崇弘先生并不了解，而只是通过本书的译者潘郁红女士和一些公开的资料以及在阅读本书的过程中才对铃木崇弘先生有了一点了解，知道铃木先生生于 1954 年，毕业于著名的东京大学法学系，早年曾留学马来西亚和美国夏威夷，在留学期间就开始对智库充满兴趣并投身参与各种智库的活动，其后曾在日本综合研究开发机构、日本国际论坛、笹川和平基金会、日本基金会等机构工作并担任其中的一些要职，还曾担任东京基金会研究事业部长、"亚洲论坛·日本"的高级研究员、大阪大学特聘教授、日本中央大学大学院公共政策研究科客座教授、日本城西国际大学研究生院国际学院客座教授、日本国际论坛政策委员和财团法人日本政策学校共同代表、日本执政党自民党智库"智库2005·日本"的理事兼事务局长等，其作品除去本书之外还有与别的学者共同写作出版的《世界的智库——连接"知识"与"治理"的机构》等，以及译著《美国动员市民参与政治的方法》等。一些资料显示，目前铃木先生关注的研究领域为民主政治建设、政策基础设施建设、新社会建设人才的培养、教育及国家治理的新体制建设等。正像本书书名所显示的那样，作者是以一种自传体的方式来论述智库的，即通过描述自己从事智库研究和建设几十年的经历来论述智库，因此相信读者通过阅读本书也能对铃木先生本人有所了解。

　　本文是受本书译者潘郁红女士委托而写，所以在此要感谢潘女士对我的信任，尽管我想在仔细阅读和理解本书内容的前提下尽可能地对本书给予全面的介绍和评论，但总是感觉力不从心，没有能够将作者和译者想要表达的思想和意思充分地展示出来，这些遗憾只能交给诸位读者通过阅读本书自己去弥补了。

　　是为序。

梁云祥

2018 年 10 月 9 日于北大燕东园

前　言

为了在日本创建智库，近二十年来我做了很多工作。这个目标很难说已经达成，但在这本书中，我想在自己多年经验的基础上，探讨一下何谓智库的问题。不仅是智库的话题，我还希望就当今日本所面临的诸多问题、课题和今后的发展方向，提供自己的一些思考。

迄今为止在日本，只有议员和公务员等极少数一群人，才能从事终身雇佣、收入稳定的与公共事务相关的工作，特别是与政策相关的工作。但看看国外的事例便可知道，社会上与公共事务相关的工作及活动异彩纷呈。在日本尽管也有部分 NGO 和 NPO 的活动受到了关注，但依旧很少有人能够因此获得足以维持生计的收入。

我的人生和事业经历了不少挫折，把它部分地呈现出来，就是想给未来打算从事公共事业的年轻人提供一个参考的例子，告诉他们应该如何思考未来，路应该如何向前走。虽然我的人生尚未"守得云开见月明"，讲述它多少觉得心有不安，但是如果我的经验能够给年青一代以某些启发，唯愿他们一定利用好这些经验！通过年青一代让日本社会变得更加美好，这既是我的一个夙愿，也是我的一份责任。

　　如果下一代年轻人并不喜欢现在的日本，他们的才华在这里也得不到什么施展，我想这将是我们以及我们上一代人沉甸甸的负担。但年青一代也不要以为，自己能够活跃的社会环境只能依靠别人施舍。他们应该主动地融入社会，积极地表达自己的意见、期望和想要的未来。今后的日本主要属于现在的年青一代。从这个意义上说，思考将日本建成一个怎样的社会，也是他们自身的重要责任。

　　如果这本书确实能够为我们、我们的上一辈，以及下一代年轻人思考日本社会时提供某些有价值的参考，我将格外欣喜。

　　我对青年一代充满期待！

目　录

第一章
情系智库之前

飞赴海外——决定留学马来西亚的原因

从小我就常想着要以某种方式贡献社会，而不是赚大钱。也许是受此影响，上大四的时候，我便有了一个想法，那就是去海外，而且是去非发达国家生活一段时间，从那里来思考日本这个国家。

去哪里好呢？我想来想去，觉得还是去亚洲的国家比较合适。因为日本地处亚洲，和亚洲国家的关系比较近。那么亚洲里面，又去哪个国家或地区好呢？从通用语言、国家的发展状况、其在亚洲的文化、位置以及历史等方面综合考虑之后，我选择了马来西亚，尽管当时的日本人对这个国家还比较陌生。

马来西亚是一个多民族国家，主要居住着马来人、华人和印度人等。因此，使用的语言也以马来语、英语、华语、泰米尔语为主，是一个宗教和文化多元并存的国家。这是马来西亚独特的地理环境和历史因素造成的。

马来西亚因为地处东南亚，所以它与深受中国、日本历史文化影响的韩国并不相同，它还受到印度以及伊斯兰文明的影响。也就是说，虽然地处东南亚，它却是一个中华文化与印度、中东文化相互碰撞、相互接触、相互交融的地区，这造就了前面提到的马来西亚的多样性。

现在的马来西亚在经济上已经取得了很大的成就，但在1982～1983年我留学马来西亚的时候，它还是一个发展中国家色彩比较浓厚的国家，后来被称为亚洲奇迹的那一经济发展阶段尚未到来，或者说还处于起步阶段。在吉隆坡等大城市，现代化的高楼大厦鳞次栉比，但南国粗犷的气息犹存；而在被称为kampong（音译：甘榜，马来语中村庄的意思）的农村，贫穷与悠闲仍在。城市近郊中产阶级居住的住宅街区空地上，一到傍晚时分，还可以看到妇女在大圆铁桶里沐浴的情景。

1981年，马哈蒂尔就任马来西亚第四任总理，为了学习日本和韩国的发展模式，他推行了"看东方"政策。这既是日本和马来西亚两国关系走向深入的时期，也是后来马来西亚转向经济腾飞的肇始阶段。

吉隆坡近郊有一个叫Petaling Jaya的地方，我就寄宿在那里的一户华人家里，我就读的马来亚大学就在附近。留学马来西亚期间，我不仅在马来西亚国内，而且还到泰国、新加坡、中国香港和台湾等地旅行，努力了解当时的亚洲现状。在马来西亚的这些经历对我思考日本当时的经济和国际地位非常有帮助。为了对在马来西亚所学知识进行一个总结，我有了想继续深造的欲望。

留学夏威夷东西方中心——开始接触智库

于是，在马来西亚留学期间，我申请了美国夏威夷东西方中心（East-West Center）的奖学金。该中心由美国议会于 1960 年成立，是一个独立的非营利教育研究和交流机构，目的在于加强美国与亚太地区各国的关系和相互理解。夏威夷原本是一个独立王国，经过共和制时代和美国占领时代，于 1959 年成为美国的一个州。据说就是为了纪念这段历史，该中心被赠送给了夏威夷州。

该中心地处夏威夷，作为"东方"和"西方"的交汇之所，有其独特的地理优势。以亚洲太平洋周边国家为中心，许多优秀的留学生或学者聚集于此，继续求学或研究。1983 年至 1985 年我到该中心学习。那时获奖学金在此学习的日本学生，连我在内，一年有五个。而该中心刚成立之时，在此学习和研究的日本人，据说达几十个。其后随着日本经济的发展，为日本人提供奖学金的必要性下降，受资助的日本学生人数便随之减少。富布赖特奖学金也是一样。有关奖学金的国家政策与美国的国家方针是配套实施的。

在我留学期间，每年有约一百名获得奖学金的学生在该中心学习。其中美国学生占三分之一左右，剩下的三分之二是来自亚洲太平洋其他国家或地区的学生。获得奖学金的学生几乎无须再为学费、生活费发愁，除了必须参加该中心活动之外，其余时间便可以在夏威夷大学里潜心钻研学问。

不同于"富布赖特奖"一类的奖学金，该中心不仅仅只是为很多海外学子提供奖学金，汇集人才。它的特色还在于促进了亚洲太平洋周边国家人才的相互理解。所以在夏威夷大学，只要你说得出理由，你就可以学习任何东西。但它鼓励学生参加中心活动，并在这些活动中同其他国家来的学生展开讨论，交换意见；鼓励学生尽量在中心的宿舍（Hale Manoa）过集体生活，增进彼此了解。尽管宿舍都是单间，但厨房和浴室是公用的，这样的设计就是为了让学生之间有一个可以互动的公共空间。

当然，如果有人不愿意过宿舍生活，也可以在外面租公寓住。虽然中心也尊重个性，但个性碰撞后的相互理解被认为是理想状态。宿舍生活当然免不了发生口角和争执，但我记得当年并未发生过什么大的冲突。一来或许是因为这里的学生都是从各国挑选而来的，比较自重；二来或许是因为中心的很多职员工作勤恳，营造出了良好的氛围。

中心颁发我奖学金的条件是：每周必须参加几个小时的中心活动；再就是除了在联合国相关部门工作的特例外，留学结束后必须回国，发挥留学经验，在本国工作与留学一样长的时间。

在如此备受优待的环境中，中心提供给大家在日常生活中就可以进行国际交流的场所，增进了毗邻区域人才对美国的理解，为国际交流活动做出了贡献。夏威夷非常开放，国际性人才交流寻常可见，置身其中的人，所受影响是深远的，对提供这种机会的美国，大家的好感度及感激之情也是不可估量的。结果这些人以后就算没有成为美国帮，也会结合美国的情况来考虑问题，能够与美国进行交流。

我在中心学习时并不知道，该中心不仅是教育和国际交流机构，同时也是政策研究机构即智库。它的组织机构多有变化，但主要下设与"沟通""文化""太平洋周边国家开发""资源系统""环境""人口""开放式资助项目"相关的研究所，从事着多种多样的研究。

1972年尼克松总统访华开启了中美首脑会谈，1979年中美邦交实现了正常化，但在美国国内，中美交流还并不多见。在这样的情况下，该中心却接待了很多来自中国的新闻记者。如果我没记错的话，每年多达一百人。之后他们会访问美国各地，并把在美国的所见所闻发回国内。同一时期，赵紫阳也曾到访该中心。

美国政府正在努力改善与中国的关系，这在该中心的活动中有明显表现。大家都清楚中心的工作重心已经转向了中国。该中心以多种形式构建了政府间难以实现的关系。当时，我对智库的认识还很有限，现在回过头来看，其实早在对智库有认识以前，我就已经置身智库的环境中了，并且可以说是在不知不觉间就理解了智库的作用和意义。1985 年从夏威夷大学研究生院毕业后，我便离开中心回到了日本。

这里我想多说一句。留学马来西亚之前，我曾在美国的密歇根州待过约半年时间。我为自己曾在日本、美国、马来西亚三个国家学习和生活过而感到自豪。而且我也觉得这样的经历对我思考人生和工作有非常重大的意义。现在有欧美留学经历的人不在少数，但即便是现在，同时还拥有非欧美国家或地区留学经历的人并不多见。当然，仅有欧美以外国家或地区居住经历，这也是不够的。

并非单纯的观光或短暂停留，而必须住上一段时间，如果这样算来，我也已经有过在三个以上国家居住生活的经历，其中包括祖国日本、欧美以及欧美之外的国家。回顾自己的人生，我可以自信地说，这样的经历对我看问题、思考问题非常有帮助，就像占星术一样，可以让我立体地来看问题的本质。当然，这样做需要花费时间和金钱，会遇到很多困难，何况欧美以外国家或地区的留学经历，在日本社会很难说会获得很高的评价，但我仍想对以后的年青一代说，如果可能的话，我力荐你们拥有这样的经历！

第二章
投身智库工作

在综合研究开发机构的工作经历
——思考政策研究

1985 年，我从留学之地回国。那时候的日本，海归的就业形势比现在要严峻得多，一旦错过了正常的就业季渠道，再想找到好的工作，就很不容易。我刚回国时，形势便不容乐观，不得不四处寻找工作机会。这时巧的是，在夏威夷东西方中心时认识的一位前辈，托人捎话给我说，他那儿有一份工作。前辈名叫石田肇，当时是作为日本综合研究开发机构（NIRA）的研究员派到中心来的。我立即求见了石田前辈并问明了究竟。

就像官网上所写的那样，NIRA 是 "1974 年 3 月 25 日，由产业界、学界、工会和地方公共团体等代表共同发起，政府依据《综合研究开发机构法》批准成立的政策导向型研究机构。机构的运营基金来自官民各界的出资和捐赠。机构的基本任务就是实施综合性的研究开发，同时积极开展包括提供咨询、与国内外众多研究机构进行交流、资助研究项目、组织研修和培养研究员等在内的活动"。因此，该机构也被称为政府型智库。

据石田前辈的介绍，NIRA 正在推进一个建立政策信息中心的计划，他想让我做一个调查研究，看看收集哪类信息为好。如前所述，我曾有过以某种方式贡献社会的志向，所以虽说这只是一份临时性的工作，但由于我对 NIRA 这个机构很感兴趣，而且我觉得这个工作内容富有挑战性，便当即接受下来。通过这份工作，我对日本智库的现状、政策的定义、政策研究的现状以及制定政策时存在的问题和课题等有了了解。

其成果便是我完成了一份研究报告《政策研究和信息》。也就是说这份工作激起了我对智库和政策研究的极大兴趣。如果当时没有石田前辈赐予我这样一个机会，又哪里会有我的今天。斯人已逝，我仍十分感激他的提携，今天的一切都是受他所赐。

此后，我从事的几乎所有的工作都和智库或政策研究有关。如此看来，在 NIRA 的第一份工作可以说为我的人生方向定下了一个基调。

这里记录一下我在 NIRA 工作时的部分收获。

一是，我对日本是否有过真正意义上的政策研究产生了疑问。二是，我怀疑以 NIRA 为代表的所谓智库，和本来的智库其实并非一物。

政策及政策研究的定义

在 NIRA 的调查研究向前推进的过程中，对政策和政策研究，我有了如下一些研究心得。

1. 政策

政策一般指的是"为实现特定目的所采取的行动方案或者活动方针"，由此可见"它不仅包括政府制定的政策，还包括民间企业或其他一般组织进行内部管理时所制定的销售政策或人事政策等，用途广泛"（参见《世界大百科事典》）。

基于这一看法，我对"政策"（尤其是公共政策）下了如下定义。

"政策"分广义和狭义两种。

广义的政策，指的是个人、团体乃至国家按一定方针向前推进的路线或方法，特别是关乎政治性决断的方法；狭义的政策，指的是中央政府及地方公共团体等的方向、路线或与之相关的内容，也就是公共政策。但最近我在想，即便狭义的政策，也不都是政府所为，因为社会的政策也已出现。我想把它称作"社会性政策"。社区经济、社会企业家等的创意便与之相关。这里的社区经济，指的是灵活运用社区资源，用商业的手段致力于解决社区的课题；而社会企业家指的是对于社会问题，不是坐等行政部门制定对策，而是自己成立组织，筹集资金，把解决问题做成了一份事业的人。

2. 政策研究

广义的政策研究，指的是为制定前项所定义的"政策"而进行的与之相关的广泛意义上的研究；狭义的政策研究，指的是为改善政策而研究前项意义下的政策（特别是狭义的政策）或者是有可能成为政策的内容，以及为提出决策的选项或政策的提案及建议所作的研究。

政策研究的种类有很多，有的是为了指明社会长期发展的方向，即国家未来发展的目标和方针，有的是为了制定个别具体的制度或措施，例如新一轮预算中公共住宅的补助金拟定多少合适等，还有的会做各种各样的实际调查，动用统计资料，开发模型，或在统计的基础上通过扎实的分析指出政策的效益，或只是提出一种理念。

　　这里我介绍一个研究项目，这是曾任职于美国智库城市研究所（UI）的上野真城子女士（关西学院大学综合政策系教授）告诉我的。

　　该研究所有员工三四百人，日常所做的研究有 100 ~ 120 项。其中有一个叫"检验新联邦主义"的研究项目。现在美国正处于社会转型的过程中，它想从福利型的大政府向小政府过渡，向地方分权、让权过渡，还要改革社会保障和医疗保障制度。这一方向，即"新联邦主义"的选择，究竟会给家庭和作为未来接班人的孩子们带去哪些具体的影响？该研究项目正是要跟踪它的变化并对此作出评价。

　　这项研究包括以下四个方略。

　　（1）在全国范围内建立各州的福利数据库；

　　（2）对 14 个州进行政策制度变化的个案研究；

　　（3）以 5 万人为对象展开家庭综合调查；

　　（4）对有些州所采纳的新制度做跟踪调查。

　　与各州的计划、制度、资金、运营相关的涉及社会福利、医疗、收入、就业等的庞大数据被持续地整理出来并输入电脑，市民无论是谁都可以通过电脑浏览到这些信息。之后，研究人员再对各项制度变革给家庭、地方自治体以及非营利性服务组织、社区机构带来的影响进行评估。

　　这一研究项目是应一家基金会的要求而启动的，由几家基金会共拿出总计二十五亿日元的研究经费，花了四年时间来实施，没有拿国家的任何援助资金。项目成立了针对整个研究的建言委员会，委员来自其他智库、实业界、非营利机构、大学等。从技术角度出发还成立了顾问委员会，委员由来自国家统计机关及其他营利性研究机构的工作人员组成。调查内容和数据全部通过网络以及各种形式的文件逐步公开，并以研讨会或讲习会的方式，面向媒体或一般公众介绍研究过程，最后还出版了几十本书。这一研究项目集中了来自所内外的研究员。项目由在国家联邦政府担任过副部级职务的研究员主持，组员则由在财政、医疗、收入分配、就业、家庭、人口、儿童、住宅甚至女性问题等领域研究业绩卓著的研究员构成。

这是一个规模很大的研究案例，不过美国智库从事这样的"独立的"政策研究由来已久，只是规模大小、领域各不相同而已。

多姿多彩的经历——现场体验政策研究

我在 NIRA 工作期间，曾对政治家政策研究小组"自由主义经济推进机构"（后更名为自由社会论坛）的事务局长做过采访。在 NIRA 的工作合同即将结束之前，他邀请我去他那里工作。我想如果能在接近实际政治的地方做政策研究应该也很有趣，于是 1986 年 4 月，我决定作为工作人员加入这个研究小组。现在这个研究小组已经不存在了，但当初有 20 位左右分属自民党不同派系的国会议员参加了这个小组。当时还只是当选了一两届的新议员的这些人，现在有的成了首相候选人，有的担任过内阁大臣，还有的曾是或是在任的县知事。那位事务局长现在也是国会议员，这一小组学生部当时的负责人，现在也当上了国会议员。

当年能够像这样拥有十名左右在编工作人员，可以从事政策研究并发表自己政策建议的议员小组只此一家别无分店，现在恐怕也找不到了。这样想来，自由主义经济推进机构的尝试可以说是非常先进而且独特的。作为这个小组的工作人员，我负责起草了"新亚洲政策"的政策提案。提案的内容之一就是要设立"亚洲论坛"，将它作为持续研究和探讨亚洲问题的平台。在这一建议的影响下有了后来社团法人"亚洲论坛·日本"的成立，它的活动现在仍在继续。

这里的工作经验对我了解现实政治的运作至关重要，也让我领略了从政策上支持政治、立法的重要性和艰难程度。而且我也注意到，日本在制定政策提案时，有必要做更加细致的讨论，而这一点现在仍做得不够充分。后来，我又相继去了日本的所谓智库社团法人"科学技术与经济之会"（JATES）和以企业和知识分子为中心的民间政策咨询机构即财团法人"日本国际论坛"工作。

JATES 是 1966 年日本电信电话公社（现在的 NTT）等设立的以技术为中心的调查研究机构。这个组织下设有"技术类企业的经团联""技术类经营者经济同友会"之称的技术经营会议事务局，以及在《增长的极限》（『成長の限界』）一书中因为对人类发出环境、资源有限警告而一举成名的罗马俱乐部日本委员会事务局等。

作为研究员，我在那里参与撰写了研究报告《技术开发促进条件之调查——我国产业技术水平的国际比较》（『技術開発促進の条件調査—我が国産業技術水準の国際比較—』）（1987年通商产业省工业技术院技术评价调查委托报告）。在这个过程中我了解了官僚机构与这类所谓日本型智库的调查研究机构之间的关系以及调查研究机构的体制，等等。

这份研究报告后来被原封不动地收录进了一本名叫《产业技术的动向和课题：率先迎接"支撑 21 世纪技术革新"的挑战与国际贡献》（『産業技術の動向と課題…「21 世紀を支える技術革新」への率先的挑戦と国際貢献』）的书里。现在我还记得当年看到这本书时自己有多惊讶。这本书只字未提这份研究报告是委托 JATES 来做的。这让我不由得联想到了很多东西，比如官僚机构对于专业性的认识、知识产权的现状，还有责任之所在，等等。

JATES 的工作合同是有期限的，合同签至我找到下一个工作单位为止。在此期间，我应聘上了财团法人日本国际论坛事务局的一个岗位。因为事务性的工作我以前从未做过，所以在论坛的这一年间，我得到了很大的锻炼，学习了总务、会计、人事的工作，学习了如何调整研究计划、提出建议，以及如何在人手和时间都有限的情况下有效地开展工作，等等。这些工作大多都不是自己一开始就想要做的，但是这些经验却在我后来的工作单位中发挥了很大的作用。

通过不同岗位的各种历练，我意识到日本在政策制定方面，体制上的支持和政策信息都十分匮乏，而且如果从日本政策所需的广度和深度考虑，政策制定仅依赖官僚机构是完全不够的。于是我便想设法解决这样的问题和进行课题研究，为此就想到需要一个平台来从事这样的工作。

那段时间由于频繁换工作和找工作，精神压力非常之大，每天都在担心这样下去自己将来会怎样。之所以能够度过那段不安的岁月，多亏了自己心怀贡献社会的强烈愿望。

在笹川和平基金会的活动
——想法付诸事业、活动当中

笹川和平基金会

1989 年 9 月，我决定到笹川和平基金会（SPF）工作。那时 SPF 正在《日本时报》上招聘日语教育的项目官（Program

Officer，PO）。PO 一般指的是具有某一领域的专业知识，能够策划并主持该专业相关项目的人才，或能够对外部递交来的申请作出正确评价，从中选择资助对象并助其取得成果的人才。我没有日语教育的经验，但当时的 SPF 还是 1986 年刚成立的年轻基金会，对新事物充满热情，我想如果能在那里工作一定也很有趣。尽管我没有应聘上日语教育的 PO，但他们推荐我做其他项目的 PO。在当时的 SPF PO 这样的专业岗位上，还没有既有一些专业知识和研究经历又有事务经验的人才。我因为在前一份工作中有过在事务局工作的经验，所以被寄予厚望在新的工作单位发挥作用。

作为一个组织，SPF 当时还在组建当中。为 SPF 决定发展方向并起中心作用的是时任常务理事（后来的理事长）的入山映。那时他和属下们一起风风火火地举办新活动，开创新公益事业。SPF 讨论气氛非常活跃，开展活动也五花八门，是一个充满知性魅力的地方。有时也能听到或者看到激烈争吵、不忍目睹的情形，现在这一切都成了美好的回忆。

我刚进 SPF 时，正值泡沫经济崩溃前夕，那时利息还很高，基金会的预算规模在当时也算相当大的，在这里做事自由度和灵活度都很高。PO 们碰撞着各自的梦想和希望，在碰撞中互相成长。大家几乎都是中途跳槽的人才，有的在国际机构待过，有的在企业或公益法人里工作过，这里几乎不存在性别差异，大部分人很年轻，肩负着各自的责任，相互磨合，又相互竞争，焕发出勃勃生机。之所以能有这样的工作氛围，当然一方面得益于当时资金的充沛和丰足，但另一方面，以入山（当时才 40 来岁）为首的领导层放手让年轻人去闯的大胆的用人方针也功不可没。

SPF 和以前的公益法人不同，不属于中央省厅的外围团体，不是"退休的疲惫官员再就业的地方"（财团法人日本国际交流中心理事长山本正的话）。它是一个努力创建新社会的组织，挑战性地举办了许多政府单位举办不了的各式各样的活动。对海外的非营利法人来说，这是理所当然的事情，但在日本，作为一个资金如此充沛的组织，几乎是独此一家。

20世纪80年代末的日本，NGO这一词才刚刚普及，而社会对NPO的认知度却几乎为零。最近十到十五年间，NGO、NPO才在日本获得越来越多的关注。在这样的背景下，我在SPF一边发着"日本竟然也有这么有趣的组织""我做的可是日本最新潮的工作"的感慨，一边体会着非营利组织、非营利活动特有的活力和魅力。

虽然SPF是资助型基金会，但它并不是一个光会坐等国内外机构寄来事业企划书申请资助金的组织，它有志于开拓日本非营利活动的新领域。SPF当时不仅有了自己策划并开展事业的PO制度，还有着以海外非营利活动为杠杆，撬动日本国内非营利活动潜力的强烈抱负。

看到这两点，我有了成就自己事业的想法。那就是从自己的经验出发创建一家智库，来尽量改善日本的政策制定过程。并且，这家智库并不是日本惯有的以委托研究为中心的智库，而是欧美国家的那种民间非营利独立型智库。

在SPF我一边忙着手头要做的好几个项目和提高组织内部业务效率的活动，一边思考着怎样才能建立非营利独立型智库。既然日本智库能力有限，就不能把这一事业交给日本智库来做。怎样让这一事业具有说服力呢？我想到了求助智库发祥地美国的智库。

正巧这时候（如果我没记错的话）《朝日新闻》东京版上刊登了一则消息，一位倡导"在日本引入美国式非营利部门"

的有识之士近期将举办一个演讲。据说此人是在非营利领域有着深厚积淀、在美国著名智库城市研究所（UI）任职的研究员，而且还是日本人。因为这个项目的最终成果需要惠及日本，所以我想合作对象中有日本人是非常重要的条件。

我兴冲冲地去了演讲会现场。演讲者正是后来为在日本创立民间非营利独立型智库而与我开展合作的上野真城子女士。上野那时候就是一个非常有魅力的精力充沛的完美的人，现在依然如此！

1990 年和上野的邂逅，更加确定了我后来的发展方向。演讲结束后，我上前介绍了自己对 NPO、民间非营利独立型智库抱有兴趣，表达了希望有机会和她做进一步交流的愿望，她当即表示欢迎。没过几日，我再次拜会了她，既从过去的工作经验出发，也从完善日本政策制定的角度，表达了建立美国华盛顿有的那种民间非营利智库的想法，她表示非常赞同。

如前所述，SPF 举办了很多日本公益团体不曾举办过的各式各样的活动，在社会上开始有了影响。不过，当时和今天的状况很不相同，社会上对"笹川"这个名字和以国营赛艇彩票收益为原始资金的 SPF、日本基金会等的活动，存在着各种各样的误解和意见，特别是媒体对"笹川"的反对与反感相当强烈。国营体育彩票指的是由国家或地方自治体主办的博彩项目，除了赛艇外，还有赛马、自行车赛、摩托车和汽车赛等。

因此我想，与其由 SPF 单独推动，不如和外部的机构，特别是海外合适的机构一起合作创立智库，其社会意义和影响会更大一些。而且，我还想到了这一事情由上野所在的 UI 出面申请资助要比由 SPF 委托 UI 来做更好。

委托项目的主导权和主意在出资人（施主），项目和成果基本上归出资人所有，不属于受托方，即主体是出资人，而不是受托方；相反，资助项目是资助金申请方的项目，项目的主导权、成果都属于申请方，资助申请的接受方基本上只是提供资金，并不是主体。这一点我也和上野做了说明。

如果我没记错的话，上野当时也正在为确保 UI 研究项目在日本国内获得资助金而奔走。那时她带在身上的候选研究项目目录中，也包括智库的日美比较研究。也就是说，UI 本身或者上野也对这个领域的研究很感兴趣，这真是太巧了。SPF 设立的目的之一，就是要开展重视国际视野的活动，我把这一旨趣以及如何操作对日本国内更具说服力的建议，一并告诉上野，希望她能把这一项目做成日本与海外的比较研究项目。上野准确地理解了我的用意。

不过，这里重要的一点是，虽然 SPF 有资金，SPF 是资金的提供方，但是 SPF 并不能单方面地指挥 UI 做 SPF 想做的事情。不仅是 UI，专业性强且社会评价良好的海外智库都是这样的立场。资金提供方和接受方之间一定是平等协商的关系，只有双方都达成了共识，合作才能实现。但在日本，施主和受托方的关系往往不是平等关系，很多时候成了上下级关系。这样一来，如果委托的是像政策研究这样需要发挥专业性的研究或项目，那就别指望会出来什么好的成果。

后面我还会谈到，作为出资人的日本政府部门，委托民间研究机构做政策研究时，常在这一点上出现问题。即这是从"上"至"下"的资金流动。"下"为了求"上"，就可能不去说本来应该主张的事情，而这往往才是从研究项目成果中得出的结论。在这样的关系中，产生不了专业性强的高质量研究成果或独立的政策建议。结果便造成了民间非营利独立型政策研究机构在日本难以产生的外部环境。

回到刚才的话题。如前所述，我取得了上野的理解，托她把我的意见带回华盛顿，并拿到 UI 内部进行讨论，一旦得到通过，就请她向 SPF 递交资助申请书。在前面谈到的做法基础上，我开始考虑如何做才能使这一项目在 SPF 内部被批准。于是就有了下面的结论。

（1）作为 SPF 的项目，在日本创立民间非营利独立型智库。

（2）日本国内不存在能够委托该项目的机构。让海外的机构做这个项目会增加在日本国内的说服力。这或可说是"黑船效果"吧（1853 年 7 月 8 日，美国东印度舰队准将马休·佩里率领四艘战舰驶入日本江户湾，以武力方式威胁日本幕府停止"闭关锁国"政策，史称"黑船事件"。这一外来冲击带来了日本振兴的契机，被认为是日本明治维新的开端。——译者注）。该项目的关键是把它做成由 UI 来申请的资助项目。选择 UI 的理由有：UI 的实际业绩和社会评价；UI 对非营利部门和智库活动本身的兴趣；还有就是该项目成果以日本社会为对象；UI 的研究员里有日本人，可以请到此人参与该项目，以及研究员上野本人对该项目的兴趣、研究业绩和存在感。在项目推进的过程中，需要有熟悉日本社会背景和文化差异的人才，有这样的人才在，说服 UI 内部的人就会变得更容易。

（3）把该项目做成前述意义上日美合作的项目。

（4）铃木（我）自己也要积极地投身该项目的研究和活动中。

（5）为了研究成果的实现，要让日本国内外（特别是国内）更多的人参与进来。通过媒体，积极发布信息，实现智库的创立。届时要积极发挥该项目是 UI 项目的优势。

（6）成果的体现方式为图书出版，为社会积累知识财富。即使创立智库的目标没有实现，这样做也方便在下一次有机会时利用这些经验。

　　在以上思路的指导下，为了把该项目做成 SPF 的项目，我做了内部协调的工作。虽然 SPF 内部存在着不同意见，有人怀疑该项目的实施没有意义，但是我设法说服了这些人，获得了事务局内部和理事会的批准，该项目作为 SPF 的项目就立项了。

　　事实上在获得这一批准之前，UI 内部也有人针对该项目的价值提出了疑问，一时间到了该项目实施可能性行将消失的地步。1990 年年末，当我收到上野的这一情况说明时，我也对该项目能否真正立项不安起来。我告诉上野，该项目已经几乎可以实施了，请她一定说服 UI 内部，上野也答应我要尽量说服那些反对者。

　　由于上野和上野的上司——雷蒙特·斯特赖克（Raymond J. Struyk），一位对智库事业非常积极的理解者和支持者——在 UI 内部的不懈努力，该项目终于获得了 UI 内部的认可。当时，斯特赖克是国际部的负责人，因为这一项目而对智库有了关注，后来更是如同布道者一样，热衷于在俄罗斯、中东欧建立智库。就这样，UI 不失时机地向 SPF 递交了项目资助申请，并使其得以列入 1991 年的资助项目中。

事业的开始和发展

　　这里我简单介绍一下该项目的情况。

　　项目的名称是"日本的智库——可能性及展望"。项目的要旨及目的设为"日本的政策研究和政策制定以及政策执行几乎都为官僚机构所垄断，其结果导致政策被指缺乏创造性、创新性、系统性以及前瞻性。在这个背景下，弄清楚日本应该如何来创造性地制定政策，并探寻破解这一疑问的智库创设的可能性"。这里的智库指的就是真正意义上的高水平的民间非营利独立型公共政策研究机构。

为了探寻这一可能性，该项目要做的就是构建日本智库模式，并形成核心团队，以实现创设基于该模式的研究机构，在将该模式交予该团队的同时，在日本国内外深化人们对创立日本智库必要性和政策研究重要性的认识。

其中，智库模式的构建是通过资助 UI 独立开展的为构建智库模式而做的调查研究项目"日本的智库——向海外智库学习"来进行的。其研究成果得到了充分运用，有力地宣传了在日本国内外创设智库的必要性。

作为该项目的一环，我考虑到，遍访世界各地的智库、亲临智库现场、与那里的活跃人士交换意见，对于思考创设日本智库也很重要。于是，1990 年，我走访了美国约三十家智库；1991 年，走访了亚洲七个国家的约三十家智库；1992 年，走访了加拿大的五家智库以及包括俄罗斯在内的欧洲七个国家的约三十家智库。全部加起来，共走访了超过一百家智库，我还和约两百名智库工作人员、研究员以及管理者或经营者交换了意见，对何谓智库有了自己的理解。

SPF 的母基金会日本船舶振兴会（通称为日本基金会）当时的理事长笹川阳平（现会长）也对我负责立项的这一智库事业表示了关心。

记得就在我走访智库进行调查的时候，有人建议我写一本关于智库的书，我也曾经想过什么时候把这本书写出来。但因为当时我还只是走访了美国和亚洲的智库，觉得至少得走访了欧洲的智库后才可能写一本有概括性的书，所以就回答他说这本书一定要写，但还需假以时日。再后来，笹川先生和入山先生也激励我说"不快点写小心被别人写了"。1992 年，我终于结束了对欧洲智库的巡访，用了大约一个月的时间，把自己关在宾馆里，专心写书，完成了书稿的主要部分。

　　之前我也曾写过论文，但写书还是第一次，著书立说，我还没有什么经验，知名度也不够，这些都会影响图书的销售。对我来说，让日本大众理解建立真正智库的必要性要比写书重要得多，所以，我很在乎这本书在社会上能否形成影响力。当时我自己的理解力，以及能够写作的内容和领域还不如现在，仍有很多局限，我便提出与上野合著出版这本书，且获得了她的同意，于是，我就请上野在书中撰写智库与民主主义的关系以及美国智库现状的具体部分。

　　该书有幸获得 SAIMARU（サイマル）出版会社长田村胜夫的青睐，便在该出版社出版了。该出版社出版了很多好书，在社会上评价很高，可惜因为经营不善，现在已经不存在了。在田村社长和出版社许多优秀编辑的帮助下，完成的书稿既浅显易懂又不失专业水准。1993 年 12 月，名为《世界的智库》（『世界のシンク・タンク』）的书问世了。也许是因为该书对智库这一不大的领域写得很认真，内容上也基本做到了知无不言、言无不尽，所以，超过二十家的报纸和杂志对它做了新书介绍或刊登了书评，获得了社会好评。SAIMARU 出版会倒闭后，这本书的新版便买不到了，但到现在还有人跟我说想买这本书。对作者来说，没有比这更荣幸的事了。

　　像这本书这样系统地介绍智库整体情况的后来也没见到有再出版的，我相信它是智库类书籍的经典。而且自这本书出版之后，世界上关于智库的书又出版了好几本，但或是多位作者合著的论文集式的书或是概论性的书，像我这本这样实际走访世界各地的智库，在调查研究的基础上近似单独著述的书却并不存在。从这个意义上说，这是一本前沿性的书，我后悔当时没有出英文版。

　　这里我想再补充两点。一是我换了很多工作，而这些工作能够一直和我自己的问题意识和专业有关，都多亏了这本书，可以说如果没有这本书的出版，我不可能继续做现在的工作。在日本社会，终身受雇于一家工作单位仍占主流，换了工作还能够继续从事与自己专业相关的工作，并不容易。尽管最近情况有所改变，但这仍是现实。而像我这样从事范围较窄的工作就尤其困难。要在这样的环境中生存下去，出过书就成了一个强大的资本。对今后想在自己的专业领域有所建树的年轻人，我想提出的第一点建议就是，应该在尽可能早的时期创造出书的机会，应该意识到这一点并为此而努力。

二是我在SPF工作时，曾负责制作业务手册，这不仅使我熟悉了SPF的资助项目和自主项目业务，而且了解了总务、经理等当时SPF的所有工作，尽管只是一个大概了解。由此，我能够在理解这些业务的基础上去开展自己的工作，兼顾其他部门职员的想法和意见，从全局的角度来审视整个组织工作，丰富自己的工作经验。这都为自己在后来几个单位的工作奠定了基础。

也就是说，尽管我并没有从一开始就做上自己想做的工作，但一旦接手了它，我就会积极地去做，而这些经验都会在我后来的工作中发挥作用。即使不是自己感兴趣的理想工作，可既然机会找到了你，你就要全力以赴，这样经年累月努力下来，自己的能力就会不断增强。回望来时路，我有了这一体会，因此也想把这一体会告诉后来的人。

本章智库的英文名称

·综合研究开发机构（National Institute for Research Advancement）

第三章
世界上的智库

本章将以我走访过的组织为中心，并结合我后来的经验，简要地介绍一下世界智库的基本情况。至于最新的信息、具体的活动以及详细情况，我会在书末附上智库团体等概要一览表和官方网站网址，供读者参考。

世界智库——现状和现实

世界上确实存在着各种各样的智库。智库的种类多到很难给它下一个定义。这与智库是民主主义的工具和武器有关。

民主主义并没有一个既定的理想模式。它是一个不断追求理想的永无止境的过程。为了使民主主义永续存在，其本身需要不断地变革、重建、持续发展。智库就是使它发挥作用的工具和武器。其结果就是，智库自身也需要挑战各种新事物，在尝试中谋求发展。智库的多样性可以说是必然的。

需要事先声明一点，我走访过的智库也只是世界智库的极小部分。但我想，即便是概括性介绍，应该也能让读者感受到世界智库多样性的状况。表3-1是对国际上有实力的智库所做

的一个比较。另外，为了让读者对智库有一个整体印象，在表
3-2 中，我列出了一些国家智库的整体特征和社会定位，供读
者参考。

表 3-1　国际上实力智库之比较

	官网地址	成立时间	事业规模	资产	研究领域	人员规模
布鲁金斯学会（美）	http://www.brookings.edu/	1916 年	3190万美元（2005 年）	2.8020亿美元（2005 年）	经济、全球经济与开发、政府研究、外交政策、政府、城市政策	研究员：约180 人非研究员：超过 200 人（2006 年 10月）
城市研究所（美）	http://www.urban.org/	1968 年	7430万美元（2005 年）	9340万美元（2005 年）	犯罪、社会、经济、税、福利与健康、居住、劳动、开发、教育、文化、市民社会、联邦与州政府、非营利、城市与地域、代际问题、民族、家庭、国际问题等	研究员：约275 人非研究员：125 人（2003 年）
美国企业研究所（美）	http://www.aei.org/	1943 年	1990万美元（2004 年）	6480万美元（2005 年）	经济政策、外交与国防、政治、社会政策（教育、福利等）	研究员：约80 人非研究员：95 人（2006 年 10月）
彼得森国际经济研究所	http://www.iie.com/	1981 年	约 800万美元	—	全球宏观经济	约 50 人（研究员 20 人以上）

续表

	官网地址	成立时间	事业规模	资产	研究领域	人员规模
传统基金会（美）	http://www.heritage.org/	1973年	3700万美元（2005年）	—	农业、思想、犯罪、经济、国防、教育、环境与能源、财政、防恐、移民、劳动问题、福利、外交	官员：2人 干部管理者：10人 管理者：32人 研究员：30人 员工：132人
德莫斯（英）	http://www.demos.co.uk/	1993年	约170万英镑（2004年）	—	公共服务、科学技术、城市与公共空间、艺术·文化、安全保障、大众传播	研究员：14人 非研究员：9人
德国经济研究所（德）	http://www.diw.de/deutsch/	1925年	1600万美元（2000年）	—	宏观分析与预测、国际经济、公共经济、信息社会与竞争、创新·制造·服务、能源·交通·环境、社会经济、金融市场与制度、可持续社会、劳动市场、社会危机管理、国际产业机构	约200人（含奖学金获得者）
马来西亚战略国际问题研究所（马来西亚）	http://www.isis.org.my/	1983年	600万林吉特（2004年）	—	国防、安全保障、外交、经济、国家建设与统一战略、科学与技术、产业	研究员：22人 非研究员：42人 客座：4人 实习生：3人

资料来源：笔者根据各智库网站、"NIRA's Directory of Think Tanks 2005"（http://www.nira.go.jp/ice/nwdtt/2005/index.html）等制成，2006年10月24日。

其中，城市研究所人员规模参见"NIRA's World Directory of Think Tanks 2005"。

表 3 - 2 智库的整体特征和社会定位

特征\国家	民间、非营利等	智库的数量等	影响力	政治性	资金	其他
日本	营利企业为主、类型多样	几乎没有能够独立进行政策研究的机构	不明确。作为官僚机构的补充,接受政府委托研究	既有党派性质的,也有无党派性质的	来自政府的委托资金	没有真正意义上的智库
美国	民间非营利独立型为主	智库超级大国	有	多为超党派形式,但有党派倾向	资助财团、政府资助金、企业、个人捐赠等	独立型智库
澳大利亚	以大学类为主、非营利	少	几乎没有	超党派为主	大学资金、会费、基金收益、国内外公共基金或评议会资助金	—
法国	官僚机构(特别是经济部门)	有一定数量	影响力低。从事政策研究	几乎没有。属于部委的附属机构	政府预算。也有的来自民间企业	—
英国	非营利	有相当数量	有一定影响力	有党派性	国家、公共团体、企业、财团等	意识形态智库政治性智库
德国	非营利	智库大国	以政策研究为主。为政策讨论提供素材。有一定影响力	既有党派性质的智库,也有无党派性质的智库。但多以研究为中心。政治基金会活跃	政府资金,但分配上具有独立的自主权	用公共资金资助非营利活动

美国智库

美国是智库的发祥地。虽然智库起起落落，变化很大，数目无法准确把握，但据说，仅首都华盛顿就有 100 多家，全国有 1200 多家。而且以州府为中心，地方上也有比较活跃的智库。这与美国是联邦制国家，各州有很多自主权利有关。

特征

美国智库的特征可以概括为三点："数量多""类型多""作用大"。并且，整体上已经形成了智库产业、智库行业。

规模

美国智库的规模大小不一。包括研究员及其他员工在内，职工人数从逾千人的兰德公司到几个人组成的智库，乃至只有一个人活动的"一个人的智库"（one man thinktank），应有尽有。不过，大多数的智库仍是中小规模，员工从几十人到上百人不等。每年预算规模超过 20 亿日元的有十家左右。从这几点来看，美国智库的影响力和名声给人的印象与美国智库的现实之间，存在很大的反差。

类型

从专业领域看，可以把智库分为两类。

一类是"综合百货店型"的智库，从事各种领域的研究活动。属于这一类的智库，可以举出布鲁金斯学会、兰德公司、胡佛研究所、美国企业研究所（AEI）、传统基金会等。

还有一类是"专卖店型"的智库，以特定的专业领域为中心开展活动。属于这一类的智库可以举出以研究国际国内城市问题为首的城市研究所（UI）、研究与国际经济相关的政策性课题的彼得森国际经济研究所（IIE）、研究环境与资源问题的世界资源研究所（WRI）、研究环境问题的世界观察研究所等。

　　这里说的专业性并不意味着组织规模就小。比如说 UI 现在已经成为华盛顿人员规模最大的智库。而 IIE 凭借丰硕的研究成果和良好的社会评价，2001 年夏天，终于建成了自己的办公大楼。大约 2000 年初，我走访 IIE 时，还记得所长的办公室里，醒目地挂着一张办公大楼的效果图。其他拥有自己办公大楼的智库，还有布鲁金斯学会、传统基金会、加图研究所等。传统基金会在建自己的大楼时，曾被人们说是"一个点子就盖起一栋大楼"。由此可以看出美国的智库确实是一种知识经济。

照片说明：被誉为智库界教父的布鲁金斯学会　摄影　横江公美
资料来源：《第五种权力　美国的智库》，文春文库。

政治性立场

政策与政治价值观有关，不做价值观的选择就无法制定政策。说得极端一点，要想制定政策（方案），就不可能保持中立。美国几乎所有的智库，尽管有很多在其设立宗旨中都声明自己是超党派的，但每个组织的政治倾向都是比较明确的。

例如，胡佛研究所是反共的。传统基金会和 AEI 是保守的，有很浓的共和党色彩。加图研究所标榜自由至上主义、自由主义。据大卫·伯阿兹（David Boaz）和阿部齐等人的解释，自由至上主义就是主张"承认个人权利（尤其是所有权）的绝对重要性，国家只需起到警察、防卫、最低限度保障契约履行的作用即可"，"质疑国家征税的正当性，社会保障和公共事业都应该交由民间来做"。谈到冷战结束后美国的"保守"时，自由至上主义是不可忽视的巨大存在。

另一方面，阿斯彭研究所、IIE、对外关系委员会（CFR）、卡内基国际和平基金会以及 UI 则接近民主党派系。布鲁金斯学会原来是保守派，后来变为自由派，也曾接受迈克尔·H. 阿莫科斯特（Michael Hayden Armacost）这样的共和党派人士担任学会主席，现在被称为华盛顿最没有党派色彩的智库。政策研究所（IPS）被认为是"左翼"色彩较浓的智库，是过去杰克逊主义的倡导者。

人才库

美国的智库已经成为美国政府更替时强有力的人才库之一。新政府一旦成立，与这个政府立场相近的智库就常常有人会加入进来。例如，克林顿当政时期，民主党派系的卡内基国际和平基金会就有很多人进入政府，而共和党派系的传统基金会进入的人则急剧减少。而且，原本被称作民主党派系的 CFR、布鲁金斯学会进入政府的人也在减少。而到共和党的布什当政时，AEI、传统基金会的人进入政府的就相对多了起来。就像这样，智库成了政府的人才库，所以也有人指出，智库的存在就像是第二个政府机关，在日本来说就像是"第二个霞关"（日本中央官厅所在地。——译者注），而智库的研究员就是"后备官员"。

不过，是不是某一家研究所只接近某一个政党，当这一政党取得政权后，这家研究所的人就有机会进入政府机关了呢？情况并非如此。图 3-1 显示与各个政权接近的各家智库都是通过与政府之间的人际关系来向政府输送人才的。智库的人才当然都不缺见识、经验和能力，但也是通过个人的人脉关系进入政府的。说到政策，合理性基础上的逻辑关系等往往容易受重视，但其实个人的人脉或人际关系也很重要。需要补充的是，美国是一个多民族国家和移民国家，或许出于这个原因，美国社会比想象的更为重视人际关系。这一点在智库人才库上也是一样。

产业的厚度

逐一看美国的智库机构，发展也是有起有落的。起还是落，与上层的领导能力和策划能力、优秀研究员的有无、与政府关系的远近、社会的潮流、资金获取能力等因素有关。不过，美国智库的重要一点在于：它能顺应时代的要求，举行业整体之力，为社会提供丰富多彩且高品质的活动成果和高端人才。即便现有的机构能力有所下降，也会有其他新机构活跃起来；即便一些大组织活力不足，也会有活跃的小组织凸显出来。也就是说美国存在一个有厚度的智库产业。

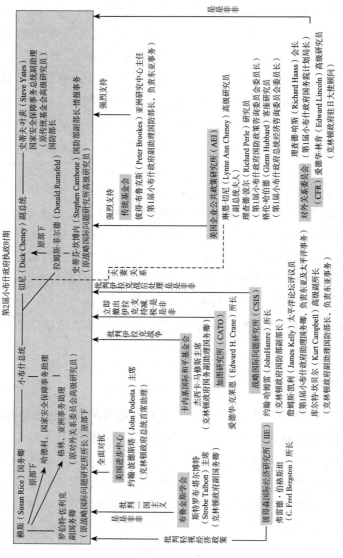

图3-1 政权与主要智库的关系

资料来源：《周刊经济人》2005年7月19日号，每日新闻社，渡部恒雄制成。

例如，1999 年由特德·霍尔斯特德（Ted Halstead）设立于华盛顿并成为智库业界新宠的新美国基金会、1997 年设立的被称为新保守主义桥头堡的新美国世纪工程（PNACP），只要看看这些例子，这一点就显而易见。

还有 2004 年，"由于看到布什政府和新保守主义过于拙劣的国防政策"（TNSP 执行董事克莱因菲尔德语），杜鲁门国家安全保障项目（TNSP）开始启动。2007 年 2 月，在克林顿当政时曾担任国防部副局长、参与日美安全保障再定义和普天间基地搬迁等的库尔特·坎贝尔（Kurt M. Campbell）辞去了战略国际问题研究所（CSIS）高级副所长的职位，成立了名为新美国安全中心（CNAS）的新智库。活动的中心任务是安全保障，最初的资助人及骨干研究员都是民主党派人士，但为使机构在政治上维持中立，也吸收了共和党稳健派和无党派人士的加入，活动范围很广。前总统首席助理波德斯塔（John D. Podesta）和前国防部长威廉·詹姆斯·佩里（Willam J. Perry）等入选为它的评论员 [参见加藤洋一《链接世界》（『ワールドくりっく』）]。

另外，尽管为数不多，美国也存在一些与政党关系密切的智库。

首先，传统基金会就起着共和党智库的作用，它超越了传统智库的框架，间接地参与了选举等政治活动。与共和党接近的智库，还有进步自由基金会（PFF）。PFF 与被指成就了"共和党革命"的众议院议长纽特·金里奇（Newt Gingrich）关系密切，是一个主张市场经济的智库。虽然规模并不大，但与老牌的大智库相比，它在政策制定方面的影响力也不可小觑。只不过现在因为金里奇的下台，它已失去了往日的风光。

民主党则有民主党领袖委员会（DLC），是 1984 年惨败后民主党的中坚力量和后起之秀，为在传统基金会等的攻势中挽回败局，而于 1985 年成立的。有人也把它称为智库，它与自由派划清界限，政策方面趋于保守，并催生了克林顿民主党政府。DLC 还成立了名为进步政策研究所的智库。1996 年的总统选举中，克林顿所使用的"新民主主义者"竞选口号便是由它提出的，目标就是走趋于中间道路的"新自由主义"路线。

与希拉里·克林顿关系密切、被称为传统基金会民主党版本的是美国进步中心（CAP）。它是由克林顿政府下总统首席助理约翰·波德斯塔成立的，据说因对冲基金而名声大噪的乔治·索罗斯为其投入了巨额捐款。CAP 独立制定了有别于政府的"国家安全保障战略"和"每隔四年更新的防卫政策"等。

这里还要补充一点。说到智库，人们关注的大多是它光鲜的一面，如智库人才进入政府、智库的政策建议在政府中得到实际运用、研究员在报纸或电视等媒体上发声，等等。当然，智库存在这些情况也是事实，在日本被人提及的也多是智库的这一面，但它展示的仅是智库的一个侧面，支撑如此光鲜活动的是扎实的政策研究和研究员长年累月日复一日的研究活动，这才是智库重要的另一面，这两面交织在一起才构成了智库的全貌。

欧洲智库

欧洲除了德国和英国外，智库并不多见，主要是在国际关系领域有几家优秀的研究机构，数量屈指可数。比如瑞典的斯德哥尔摩国际和平研究所（SIPRI）、瑞典国际问题研究所（SI-IA）、荷兰国际关系研究所、法国国际关系研究所（IFRI）、意大利国际关系研究所（IAI）、比利时欧洲政策研究中心（CEPS）等。

　　而在德国，以六大知名经济研究所为首，活跃着不少智库。比如德国经济研究所、汉堡经济研究所（HWWA）、IFO 经济研究所、基尔大学世界经济研究所（IFW）、莱茵－威斯特伐利亚经济研究所（RWI）、哈雷经济研究所（IWH）、私立德国经济研究所（WI）、国际政治安全保障研究所（SWP）、德国外交政策协会（DGAP）等。通过独立的第三方机构——科学评议会，中央和地方政府的税金也会流向这些研究机构。而且，德国还有一套独特的"政治基金会"系统，基金会的运营依靠联邦政府的资助，又与各政党有亲缘关系。一部分基金会发挥着智库的作用。

　　大多数欧洲大陆系智库以政策研究、提供备选政策或政策替代方案的信息或材料为其基本任务。它们并不积极推销这些成果，而是把政策的提案与决策工作让给政府或议会来做。但是，它们和政府在资金为首的一些方面，关系紧密。

　　在英国，政治智库的存在非常重要。它们将工作重点放在如何对政策制定过程施加影响而非政策研究上。它们的政治色彩、政治价值观异常鲜明。属于这一类智库的有 1884 年成立的工党相关机构、中左派的主要智库费边社（Fabian Society）、1951 年成立的英国最古老的保守型智库 Bow Group（和保守党关系密切，但属于独立机构）、主张自由市场的亚当·斯密研究所（ASI）和经济问题研究所（IEA）、据传是前首相撒切尔夫人创立的政策研究中心（CPS），以及与这些组织相对抗的反对自由市场主张的中左派独立智库公共政策研究所（IPPR）。还有一家在布莱尔政权初期阶段很活跃，但现在与政权保持一定距离的智库德莫斯（Demos）。另外，托尼·布莱尔首相成立了他的虚拟智库 Nexus；为了夯实自己的政策基础，戈登·布朗财政大臣等也成立了以工党前领袖约翰·史密斯命名的史密斯研究所。

此外，保守党领袖威廉·黑格成立了保守政策论坛（CPF）。可以说亲近政治家或政党的智库出现了增多的倾向。

以上这些智库是拥有政治价值观的智库。而作为独立机构，在左派型智库中，还有致力于对财富、权力和机会进行再分配的可行性政策研究机构卡塔西斯（katharsis）等。此外还有对泛欧洲化方针持批判态度的独立机构欧洲改革中心（CER），以及鼓励从未参与政治或对现实政治解决方案失去信心的人们参与社会的改革中心（CFR）等。

除了这些政治智库外，英国还有以查塔姆社之名享誉世界的皇家国际事务研究所（RIIA）、在国际性组织中评价很高的国际战略研究所（IISS）、扮演欧洲研究者网络中心的经济政策研究中心（CERP）、本部位于伦敦大学（UCL）公共政策系的关于宪法改革的独立调查机构宪法单位（Constitution Unit）、作为英国及国际社会的防卫与安全保障问题权威并拥有国际声望的皇家联合服务研究所（RUSI）等（参见 *Quality Britain 2006*）。

自柏林墙倒塌以来，中东欧的智库发生了很大的变化。在此之前，这些地区和国家以政策为首的所有领域一直都由政府和官僚机构所掌控。1989 年以后，在体制崩溃的过程中，过去不曾有过的智库激增起来。现在，东欧各国至少都设立了一家智库。这些机构正在为各国制定更加开放的政策发挥作用，尤其在经济领域的贡献更大。

波兰有格但斯克市场经济研究所（IBnGR）、社会和经济研究中心（CASE）等，斯洛伐克有经济发展中心（CED），捷克有公民研究所（Civic Institute）等。

美国的一些基金会和智库密切参与了俄罗斯和中东欧智库的创立，起了拓荒者的作用。例如皮尤慈善信托基金会、以雷蒙特·斯特赖克为中心的 UI 等。雷蒙特·斯特赖克也是我在创立智库上的盟友。他在这些经验的基础上出版了一本关于智库管理的书：*Managing Think Tanks：A Practical Guide for Maturing Organizations*。

自苏联时代开始，其就有着许多像世界经济国际关系研究所（IMEMO）这样的大型政府智库。但由于政府援助资金急剧减少，它们的影响力随之下降。取而代之的是美国智库之一的卡内基国际和平基金会以莫斯科支部的形式成立，现在已独立核算的卡内基国际和平基金会莫斯科中心，以及以苏联首位也是最后一位总统、诺贝尔和平奖获得者米哈伊尔·戈尔巴乔夫为首的前政治领导人设立的社会经济政治国际基金会，即戈尔巴乔夫基金会资助的智库等。另外，还有前面提到的斯特赖克积极参与设立的城市经济研究所（IUE）等。

亚洲智库

美国智库的活跃是出了名的，但亚洲也有颇具国际声望的智库。下面就举一些例子来介绍一下这些国家智库的现状。

中国

中国把智库也叫作"脑库"，在体制上和政府关系密切，例如国务院发展研究中心（DRC）和中国现代国际关系研究院（CICIR）这样的大型智库。据和 CICIR 有着密切联系的社团法人亚洲论坛·日本的吉原钦一专务理事说，该研究所"在政策制定方面有着越来越大的影响力"。此外，处于政府研究机构和大学研究机构之间的中国社会科学院等社会科学院和中国科学院等科学院，可以说是很多研究机构的集合体，从事着政策导向的研究工作。社会科学院在 20 世纪 90 年代后半期曾有过短暂的影响力，最近据说呈式微态势。

中国的经济发展进入了新阶段，以中华综合开发研究所（CDI）为首的智库也正在建设当中。过去在共产主义意识形态影响下，智库活动受到过抑制，但现在智库的研究者们和中央的决策者之间，比过去变得更容易沟通，他们制定的政策方案或政策替代方案，也和从前不同，开始为中国政府领导层所采纳。

伴随着中国国有企业改革，发生了如下岗工人大批出现等各种各样深刻的社会问题，在这样的背景下，智库的研究者也开始关注这些现实问题［参见江迅文章《江泽民智库的实力》（『江沢民のシンクタンク「脳庫」の実力』）］。

韩国

韩国智库形成了以韩国开发研究院（KDI）、国土开发研究院（KRIHS）、韩国国防研究院（KIDA）、外交安保研究院（IFANS）等数量众多的政府大型智库为中心的格局。后来又诞生了世宗研究所、三星经济研究所这样的财阀型民间智库，对这些机构的评价也正在提高。在这些机构中，活跃着一群从美国名牌大学获得博士学位的研究员。通过这些人才，并且通过共同研究，韩国与欧美进行政策性融洽协商的能力得到了培养。

还有，韩国智库特别是政府型智库，对韩国经济发展、外交及国防政策的影响力和贡献获得了很高评价，据说智库的研究者代替政府官员，成为实际的政策制定者，他们也有机会成为政府高官。

但是，在韩国对智库特别是政府型智库数量过多的批评一向有之，主张合并或取消的呼声一直很大。不久前，韩国经济遭遇重创，大大影响了智库的生存空间，韩国智库进行了彻底的裁员。"在'小政府'思想的指导下，韩国政府自身公共部门的规模正在缩小，对公共政策机构的再定义提上了日程。事实上，新设立的韩国政府计划预算委员会，就是公共部门改革的火车头。最近，它发布了依靠政府资金运营的研究所的重建计划"（参见 II-Dong Koh，"Restructuring Korea's Think Tanks," *NIRA REVIEW*，1998 年秋季号，第 34 页）。据说确有几家政府型智库进行了裁员和减薪，还被要求从管理他们的部委之外努力筹措资金。除个别机构外，民间智库也进行了裁员。

虽说韩国智库受经济不振的影响正在裁员，但韩国仍可以算是亚洲的智库大国。只是如前所述，这些智库几乎都是政府型或财阀型智库，没有一所纯粹的民间智库。然而就在 2006 年上半年，希望制作所成立。作为韩国第一家独立的民间智库，它的目标就是要反映市民社会各种需求，并提出与政府不同的、有洞察力而又切实可行的替代方案。它就是为了给市民及地方社会制造"希望"而这样被命名的。作为演讲人之一，我也曾受邀参加了希望制作所主办的成立纪念研讨会（2006 年 3 月 27 日举办），因此也有机会直接了解希望制作所的情况。它的尝试既有前瞻性又颇具深意，有望成为新型智库的样板，因此这里我要多做一些介绍。

创立希望制作所的中心人物是朴元淳。他在首尔大学上学期间就是民主化运动的旗手。作为核心成员，他参与了 1994 年"参与连带"（People's Solidarity for Participatory Democracy，简称 PSPD）的创建，这是一个旨在从保护人权的角度消除腐败以实现高度透明社会的市民运动的先驱性组织。在 2000 年 4 月的总统选举中，他作为市民团体推动的落选运动"Citizens' Alliance for the 2000 General Election"（反对有过反人权反民主主义经历的候选人的运动）的代表，表现非常活跃。后来，他又在韩国新型非营利市民组织"美丽基金会"的创立过程中发挥了关键作用，将循环再利用与慈善结合起来。通过灵活运用基金会资金的方式，推进了希望制作所这一智库的构建。

由于其在 NGO 活动中的杰出贡献，他被韩国的知名杂志评选为 21 世纪最具影响力的国民领袖之一，他的以日本为首的海外经历也很丰富。在韩国国内他获得很高的评价且深受尊敬。这都是因为他尽管领导了这么多重大的社会活动，虽被多次推荐也不当议员，始终执着于市民运动。据说他在韩国坐出租车，常常有司机为表达对他的敬意而不收出租车费。

朴元淳先生

我在日本和韩国曾几次拜见朴先生，尽管他功高至伟，但为人谦和，富有幽默感，其人品让我备受感动，也让我心生敬意。听说在韩国也没有什么人能与朴先生媲美，而在日本几乎找不到这种类型的人。他就是市民的领袖。希望制作所与以往智库的不同，表现在它的设立宗旨及其活动上。

设立宗旨

- 独立性　旨在创建从任何角度来看都是自由的民间智库。
- 前瞻性　旨在追求以人为本、绿色环保、文化中心的范式。
- 参与性　旨在创建谁都能成为研究者、开放的研究所。
- 实用性　旨在倡导实事求是的方法论，而非夸夸其谈。
- 综合性　旨在建立社会科学方面的综合研究所。

· 地域性　秉持"地方即世界中心"的信念，科研以地域研究为中心。

主要事业

①创意事业

· "基于市民小创意改变大世界之想法的事业"

该项事业就是将融于市民生活的快乐想象力和各种创意，通过因特网设计、修改、补充和强化，使之发展成为现实可操作的具体政策。

· 运作在线市民创意银行（Interactive social ideas bank）

这是一个在因特网上收集市民解决社会问题的方案或报告的系统。并不限于狭义上政府所制定的政策，据朴先生介绍，"也包括公交车上如何给站着的孕妇让座这类社会规则方面的提案"。

· "社会创意奖"的制定与授予

· 市民"社会最佳"评选事业

· 独立自主经营的研究者俱乐部（Indie-Researchers' Club）等

②草根事业

"基于我们的生活社区就是世界中心之想法的事业"

开展既有广度又有深度的社区研究以及地方自治团体相关事业，探索社区社会可持续发展的方法，提示打造地域共同体理想模型的方向。

· 地方自治团体的评价事业

· 地域辞典的编撰事业（Town Project Item Dictionary）

· 希望学院（例如"市长学校"）

· 打造社区基础设施的事业等

③替代方案事业

"为使社会替代方案之市民社会的稳定发展而发挥建设作用

的事业"

　　为了援助市民团体，提高市民意识水平，建设成熟的市民社会，通过种种研究在揭示理想社会前景的同时，分析各国的市民社会，探索建设市民社会的完美政策替代方案。

　　·"在本国社会播种希望"的工程

　　·可替代的社会福利（生活质量）研究

　　·女性实质性平等的研究

　　·闲置人才资源社会再利用研究等

　　④未来战略事业

　　"为韩国社会创造未来希望的事业"

　　在政治、经济、国防教育、环境、妇女、文化等多领域中开展深入研究，明确韩国社会未来发展的前进方向。

　　·预算替代方案及税制改革研究

　　·传记性研究（Biographic Research）等

　　⑤"智慧仓库"事业

　　"将世界知识网络化的事业"

　　用因特网连接全世界的信息和知识，打开知识之窗，促进社会发展。

　　·知识分子辞典编撰

　　·世界城市图书馆

　　·运营社会调查中心等

　　如上所述，希望制作所并不像以往的智库那样，主要从事政策研究或用研究成果去影响政策的制定过程，而是利用与市民或地方社区的联系，着手构筑智库的新模式。"市民社会"的趋势正在全世界高涨，可以说希望制作所在率先强化这一趋势。从这个意义上说，它有很多值得日本和其他海外智库学习的地方。

马来西亚

马来西亚有几家积极开展活动、国际评价很高的智库。其中包括作为东南亚国际与战略问题相关研究机构的桥头堡，东盟战略与国际问题研究所联盟（ASEAN-ISIS）的成员、活跃于第二轨道的马来西亚战略国际问题研究所（ISIS）以及在经济研究领域评价甚高的马来西亚经济研究所（MIER）等。

自 ISIS 成立以来就是其核心成员的诺丁·索皮（Noordin Sopiee），1997 年 3 月出任该研究所所长兼 CEO，并活跃在世界舞台上。2005 年 12 月他去世的消息在日本报纸上也做了报道。我与他曾几度共事，他是一个精力充沛、才华横溢而又幽默风趣的人。记者出身的他，沟通能力和政策企划能力在亚洲智库领导人当中，也属出类拔萃。我和他在马来西亚一起去唱过卡拉 OK，他唱起歌来和平常一样富有激情，而且待人体贴周到。其服务精神和娱乐能力也是出类拔萃的，从这一点上就足以感受到他的社交水平实在高超。他和前首相马哈蒂尔走得很近，通过这层关系，

讲演中的诺丁·索皮先生
（已故，《读卖新闻》）

ISIS 对马来西亚政权有着绝对的影响力。虽然他早就卸任 ISIS 的所长职位，但他的去世对于 ISIS 在马来西亚乃至东南亚的影响力和作用来说是一个象征性的巨大损失。

以索皮为首的曾领导东南亚智库发展的第一代人都已步入高龄，代际更替已经开始，智库的发展方向及其影响力也有发

生变化的可能。索皮的去世可以说就是一个象征。

另外，马来西亚还有像战略分析计划研究所这样与政党结合的智库，像沙巴州的开发研究所（IDS）、沙捞越开发研究所这样的州一级研究机构，以及与国际同道一起研究伊斯兰问题、推进伊斯兰价值观和理念的伊斯兰理解研究所（IKIM）。此外，最近比较活跃的智库还有政策研究所（IKD）、政策研究中心（CPR）、马来西亚战略研究中心（SRC）等。

这些智库多数都是 1990 年前后设立的。据说马来西亚现在有超过 25 家智库，可以说马来西亚智库业界自身的多元化正在发生（参见 Diane Stone，*Think Tanks Across Nations*，第 167 页）。多数的马来西亚智库和政府、政党关系密切。20 世纪 90 年代活跃的智库，比如有与前副总理安瓦尔·易卜拉欣（Anwar Ibrahim）关系密切的 IKD，还有与与安瓦尔争夺副总理一职的前教育部长纳吉布·敦·拉扎克（Najib Tun Razak）关系密切的 SRC等，必须在执政党（UMNO）内部争夺领导权的脉络下来理解它们的作用（参见前书第 180 页）。而且它们与以伊斯兰教为首的宗教及其价值观有着密切的联系，包括从欧美智库拥有的独立性观点来看相异的因素，其中有些因素可以说在政策制定上具有相当大的影响力。并且，智库、官僚机构以及大学之间保持着一定程度的人员流动。

再有，马来西亚的智库在当地以及国际性政策社区里，在推进新亚洲知识分子创意方面，发挥着重要作用。而且在开发和发展马来西亚方面，在向社会普及"新亚洲"、"亚洲文艺复兴"或者"太平洋的世纪"等新框架上正贡献力量（参见前书第 180 页）。

马来西亚的智库无论是从社会意义，还是从政治和政策的意义上讲，可以说都有属于自己的存在感，表现也很活跃。其中有几家智库还积极地开展国际合作研究，参与了亚洲乃至国际网络的建构。

新加坡

新加坡国土面积虽小，但也有好几家智库。

东南亚研究所（ISEAS）便是一家获得很高国际评价的智库。它以整个东南亚作为研究中心，而非仅限于国内问题。这里活跃着一批关注区域问题的研究者和专家，发挥着网络核心节点的作用。此外，新加坡国际问题研究所（SIIA）也很出名。它是 ASEAN-ISIS 的成员，可以说是新加坡资历最老的智库。吴作栋总理设立的政策研究所（IPS）与政府的关系也很密切，作为智库，它不仅研究东南亚问题，而且也研究新加坡的国内问题。

新加坡还有其他如 SIIS 及与传媒有关的亚洲媒体信息和传播中心（AMICC）等几家智库，几乎都与政府或新加坡国立大学有着密切关系。新加坡大学的东亚研究所就是一例。大概是和所属国家的特性有关，智库大多把海外尤其是东南亚放在研究视野的中心。

印度尼西亚

在印度尼西亚，国内的宗教或民族问题有时也可以成为设立智库的一个要素。印度尼西亚不乏优秀的智库或研究所，例如印度尼西亚战略与国际问题研究中心（CSIS），该中心和政府关系密切，致力于国内外诸多问题上的政策研究，国际评价也很高，也是 ASEAN-ISIS 的成员。还有一家叫政策实施研究中心（CPIS）的智库，虽为政府机构，外部评价也很高。另外，由毕业于印度尼西亚国防大学的人设立、靠民间捐款运作的民间智库印度尼西亚战略研究所（ISSI/LPSI），则为有关经济、军事、社会等战略性问题的讨论提供了场所。

1993年还成立了一家伊斯兰系智库：情报开发研究中心（CIDES）。它起到的一个作用，就是换个立场来研究原本由一贯代表印度尼西亚国家利益的CSIS所长期垄断的国内和国际问题。从这个意义上可以说，该中心的设立象征着印度尼西亚政策研究的多元化倾向（参见 *Emerging Civil Society in the Asia Pacific Community*，第375–380页）。

对于以印度尼西亚为中心的东南亚智库，研究印度尼西亚的专家、日本政策研究大学院大学副校长白石隆曾经这样指出：

·有能力的智库都与有实力的政治家有联系，从而保持其政策和政治的影响力。

·基本上是个体商户，由几个核心人物来运作。

·智库的业务模式为以下三种模式的一类：①特定政治家的智囊；②来自政府（国内）等部门的委托；③①和②的结合。

·印度尼西亚大学经济系的大学智库模板可以成为智库创设和运作的参考。

·该大学的教授承接研究项目后，带领年轻学子一起做，年轻人在研究中得到教育。

·40岁年龄段的教授进入政权，出任部长等。他们会委托大学做研究。

·由此形成一个商业模式：技术官僚的培养成为职业精英的养成途径。人才培养或蓄水池、资金的筹集机制得以形成。

其他

接下来说说其他国家和地区的情况。

泰国的智库数量非常有限，有被指对政策制定有很大影响力的泰国首家政策研究机构"泰国开发研究所"（TDRI）和附属于朱拉隆功大学的 ASEAN-ISIS 成员"安全与国际问题研究所"等。

菲律宾智库虽然不多，但也有国际声望很高的智库。例如，同属 ASEAN-ISIS 成员的菲律宾大学战略开发问题研究所（IS-DS）和国际战略研究所等。

文莱有政策战略研究所。

越南有外交部国际关系研究所（IIR）、中央经济管理研究院（CIEM），柬埔寨有合作与和平研究所（CICP），老挝有外交部外交问题研究所，缅甸有安全与国际问题研究所等。在中南半岛和蒙古国，成立了一些新的智库，只是在独立于政府或政权方面尚存有疑问。

台湾地区历史最久的智库是政治大学国际关系研究中心。该中心 1953 年成立之时名为"国际关系发展研究会"。该中心的人才有的也成为国民党的干部或担任了政府要职，在政府中发挥了很大作用。但是，真正意义上的民间智库的设立相对来讲还是最近的事情，并且数量也很有限。1976 年成立的台湾经济研究院（TIER），是台湾第一家独立的民间智库。该研究院及群策会、国家政策研究院等和台湾当局前领导人李登辉关系密切，被称为"李登辉系智库"。另外，还有"陈水扁系智库"。前面提到的政治大学国际关系研究中心和国家政策研究基金等，从其成立的过程或历史看，被认为是与国民党和新民党走得很近的智库。此外，还有为台湾经济奇迹做出贡献的"中华经济研究院"等政府智库。如果把官方或半官方的智库都算在内，台湾有近十家智库（参见《智库百家争鸣的时代　其历史背景和未来》，《光华》2004 年 2 月，https://www.sinorama.com.tw/jp/current_issue/）。

印度的著名智库有防卫政策分析研究院（IDSA）、印度应用经济研究所和政策研究中心（CPR）。

智库网络的现状

在国际关系或外交上，政府间的交往通常被称作第一轨道，而作为其基础的、围绕国际社会相关政策课题的非政府级别的会议、对话、合作研究和信息交换等则被称作第二轨道。第二轨道主要指的是，大学、研究机构、政策研究机构以民间非营利的方式所开展的与政策相关的活动。从这一点来看，亚洲智库表现活跃反映了其在所谓第二轨道上的存在感，是亚太区域知性网络扩大的表现。

从亚洲网络这一特点来看，经济领域最早的重要活动就是1989年亚洲太平洋经济合作组织（APEC）的成立。APEC是所谓第一轨道，但可以说它是在1982年正式启动的第二轨道太平洋合作会议（PECC）的基础上成立的。而且，马来西亚的ISIS现在仍作为PECC马来西亚事务局发挥作用。印度尼西亚的CSIS也发挥着PECC印度尼西亚国内委员会的作用。从这些事实可以看出，在亚洲区域网络的建设、维持和发展上，亚洲智库担负了重要作用。

而且，对APEC拥有建言功能的贤人会议的议长，曾是美国实力智库彼得森国际经济研究所（IIE）所长弗雷德·伯格斯滕（C. Fred Bergsten）。该会议发挥了APEC议题设置人的作用，是以智库为首的非政府组织能够发挥此功能的极好例子。

另外，在政治和安全保障方面的网络建设与发展上，亚洲特别是东南亚的智库发挥了很大的作用。自20世纪80年代初期开始，一连串关于安全保障的种种对话使东盟各国智库领导人之间建立了私交，在此基础上，ASEAN-ISIS于1984年被创建，

1988 年正式开始运作。现有成员包括印度尼西亚的 CSIS、马来西亚的 ISIS、菲律宾的 ISDS、泰国的安全与国际问题研究所、新加坡的 SIIA。与 ASEAN-ISIS 一同开始的，还有马来西亚 ISIS 于 1986 年召开的亚洲太平洋圆桌会议，旨在为该地区的战略、安全保障问题磋商提供一个非正式场合，这成为该领域最早的持续对话场所。1993 年起，改由 ASEAN-ISIS 主办，更趋机构化。

因为有了这些基础，亚洲太平洋的政策研究机构与智库、知识分子之间的交往合作进一步加强，随着冷战结束、欧洲安全保障合作会议的召开，1994 年，第二轨道亚洲太平洋安全合作会议（CSCAP）与政府间的第一轨道东盟地区论坛（ARF）等几乎同步举行。

"由成员国政府后来正式采纳的 ARF 构想，最早就是在 ASEAN-ISIS 的会议上被提出来的。关于这一点，马来西亚 ISIS 的副所长曾介绍说 CSCAP 是 ARF 的研究员版或理论基础，ASEAN-ISIS 与 ASEAN 的关系与之相对应"（参见财团法人日本国际交流中心编《亚洲太平洋的 NGO》，第 30 页）。ASEAN-ISIS 的努力也为 ASEAN 所认可，其对 ASEAN 的贡献被写入了 1993 年 ASEAN 的部长会议声明之中。

区域内政府间尚不能公开协商的安全保障问题，通过这些非官方的非正式活动形成了协商的基础，促进了更加自由的信息交换，推动了政策领导人知性共同体的形成。如今，东亚共同体构想的讨论正在展开，为了使该区域构建的活动具体化，东亚智库网络（NEAT）业已建成。这一网络的主要代表正是构建了 PECC、APEC、ARF 等的亚洲智库。

此外，"近年亚太研究机构扩大合作模式一个巨大的变化，就是和过去相比，亚洲的研究机构取得了强有力的主导权，积极参与研究机构合作项目的倾向非常明显”（参见前书第 31 页）。这样的动向带来了 1996 年亚欧会议（ASEM）上建立在“通过构建（亚欧）两个区域的智库网络，促进亚欧间知识交流”的日本政府提案基础上的亚欧合作理事会（CAEC）的成立，以及后面会讲到的财团法人日本国际交流中心（JCIE）全球智库网络构想的出台［参见国分良成编著《日本、美国、中国——协商的脚本》（『日本、アメリカ、中国—協調のシナリオ』），第 311 页］。

特别从第二轨道的观点来看，在这样的亚太及世界政策网络乃至共同体建设中，亚洲智库今后还将继续发挥重要的作用。

日本之外亚洲的智库现状（总结）

概括一下亚洲这十年智库的发展状况，集中表现为以下几点。

各国智库数量增加带来的新情况

亚洲各国的智库数量过去一直非常少，但现在各国的智库数量开始增加，至少都有两个以上的智库。过去那种由政府或特定研究所垄断政策研究的局面正在消失。其结果使得政策研究的环境比过去更加多元，智库在国内外的存在感正在提升。

市民社会的诞生？

“所谓市民社会，就是以自由且平等的市民作为主体成立的社会。它是相对于受封建等级制度束缚的社会（等级社会）而提出的一个概念，经过市民革命所形成的西欧社会是其典型。市民这一用语的含义随时代变化而变化。现在的‘市民’，一般来讲，有广义和狭义之分。广义的‘市民’即包括社会的全体成员；狭义的'市民'指的是觉悟到'自己是社会一分子'的那些人。而通过市民意识和活动建立起来的社会就叫'市民社会'。日本明治时代以后的社会究竟是不是市民社会，这一问题曾引起讨论。如果狭义地理解市民的话，有人认为，今天的日本社会作为市民社会也还不够成熟。但是，近年来出现了将NGO、NPO视为市民社会的情况。也就是说，所谓的市民社会，未必需要整个社会都由市民构成，它可以指代政治上独立的、有目的的行为主体，以及该行为主体所活动的领域"（参见维基百科）。

冷战结束后，世界局势动荡不安，各种戏剧性的变化及演变使得世界的民主主义、政治或社会制度、政府的存在方式都遇到了挑战。亚洲经济及金融危机更加剧了这一状况。为迎接这一挑战，以智库为首的非营利组织在世界范围内爆发性地增长，其作用也在凸显。美国约翰·霍普金斯大学教授莱斯特·M.萨拉蒙（Lester M. Salamon）把这一状况称作"社团革命"（Associational Revolution）。因此，国际社会上有了"市民社会崛起"的说法。并且，产生了无视此市民社会的观点就无法讨论政策或国际问题的现状［参见目加田说子《超越国境的市民社会》（『国境を超える市民ネットワーク—トランスナショナル・シビルソサエティ』）］。

仅就这一状况，是否可以称之为准确意义上的、符合国际观点的亚洲市民社会的崛起或市民社会的诞生，这必须交由未来的历史学家来判断，但这一状况不可与20世纪90年代后半期以来形成的世界智库热割裂开来考虑。也就是说，这一状况不仅构成了"社团革命"的一部分，而且也预示各国社会多元主义状况正在形成，甚而可以说，符合现代社会标准的新市民社会的诞生乃至发展便有了可能。

网络化趋势——第二轨道作用的加强

"亚太知识精英的交流作为第二轨道，其急速发展出现在 20 世纪 80 年代至 20 世纪 90 年代前半期"（参见国分良成编著《日本、美国、中国——协商的脚本》，第 304 页）。亚洲智库为活跃第二轨道或扩大知识精英网络发挥了巨大作用。可以说这是亚洲智库的显著特征。

对外关系

亚洲有很多智库在其成立之时或在其后来的研究活动中，都接受过以美国基金会、德国政治基金会或加拿大政府机构为首的欧美政府或基金会的种种资助或支援。例如，在中国，以福特基金会为首的美国基金会以及德国、加拿大、澳大利亚的基金会等一直开展着援助活动。而德国基金会特别是弗里德里希·瑙曼基金会一直支援着印度尼西亚的独立智库。泰国开发研究所成立时曾接受过加拿大国际开发署（CIDA）的资助。这样的例子不胜枚举。日本基金会等最近也开始资助亚洲智库的活动等，但可以说它几乎不曾深入参与或协助过其中任何一个组织的创立。

这里值得一提的是，欧美的基金会、政府或智库正是通过援助，有时甚至是主动参与了亚洲乃至世界各国的智库或政策研究机构的设立，从而培养了一批理解他们想法的知识分子和知识精英，而且通过储备这些人才，从而成功地在这些国家设立了能够在政策上和他们进行沟通的机构。这些人才和机构有朝一日会成为欧美政策意图在当地的传声筒，也能为欧美提供信息，形成亚洲各国与欧美各国之间政策协商的基础。在外交和国际关系上，日本也有必要考虑运用这样的战略手段。

日本与亚洲智库

关于日本智库，我后面还会详述，不过，在这里，我想先将它与亚洲的其他智库做一个比较。

日本之外的亚洲智库与政府的联系比较紧密，所以在智库本来应有的必要条件，即独立于政府或民间身份这一点上存在很大疑问。但是，也多少还有一些智库至少满足了"非营利"和"公益"的要求，积极从事着有专业水准的政策研究，在政策制定过程中发挥了很大的影响力。其中还有些智库，也许是因为欧美智库曾深度参与了它们的创立，不乏优秀人才，成为不亚于欧美的优秀智库。

亚洲各国至少都拥有一家与国际真正接轨的智库。但在日本，却从未有过能够与欧美匹敌的智库。国际交流基金日美中心在资助合作研究项目时，为找到能和美国智库合作的日本智库总要费一番气力，这一事实就充分说明了这一点。

还应指出的一点是，与其他亚洲智库相比较，日本不曾产生过一位资深政策企划家（policy entrepreneurs）。包括亚洲在内的全世界的智库，都在培养具备企业家抱负、胸怀社会愿景和奉献之心的政策达人，亦是这些人才活跃的场所。反过来，这些人才也在灵活利用智库的组织力量，恰如其分地发挥着自己的才干。亚洲的这类人才，可以列举出印度尼西亚 CSIS 理事长优素福·瓦南迪（Jusuf Wanandi）、新加坡国立大学政策研究所所长许通美（Tommy Koh）、马来西亚已故 ISIS 所长诺丁·索皮等人。

但这样的人才至少在日本的智库业界几乎不存在。不仅如此，在日本，能够从事政策研究的人才数量也非常有限，智库并没有成为培养这类人才的场所，这是现状。这一点可以从如下事实中得到印证：与政策有关的各类国际会议中，日本的出席人数非常有限，有限的这些人大多也不是受智库资助，而是以个人身份出席的。

从以上介绍可以知道，不仅在欧美，就是在亚洲，日本智库的存在感也很弱，即便说它是落后国家也不为过。

世界智库的特征和倾向

接下来我将概括性地总结一下前述海外智库最新的特征和趋势。从自身接触过不少智库和运作过智库的经历出发，我先来谈谈讨论智库时的一些关键要素。

新趋势和特别说明事项

①"民众""民间"力量的增强。世界上"民众"的力量和作用正在增强。关于市民社会到来的话题引发了各种各样的讨论。在这种状况下，各国各地区都有很多民间非营利智库发挥重要作用的例子。

②智库热。最近智库的发展势头虽然不猛，但过去曾有过创立的热潮。具体来说，那就是冷战结束，东欧社会主义国家崩溃，民主主义国家建立，世界经济全球化加速，世界各地社会结构发生变化，在此过程中，很多国家和地区都建立起了智库，已经存在智库的国家和地区则设立了更多的智库。也就是说，从1990年年中至2000年前后曾出现过智库热。

③从垄断走向多元。除了美国、德国、英国等少数几个国家外，世界上没有多少国家拥有很多智库。亚洲等的发展中国家过去尤其如此，大多仅拥有一两家智库。但是，最近十到十五年，很多国家都设立了两个以上的智库。在这些国家的"政

策研究市场"上，垄断的局面正在瓦解，更加多元多样化的政策研究或政策信息正在被提供。这一现象反映了这些国家的社会越来越走向成熟，转而需要更加多元更加民主的决策过程。

④跨国合作。如前所述，在发展中国家以及政治体制从社会主义转向民主主义的国家和地区，既有的欧美智库表现特别活跃。

从这些国家和地区的宪法到社会政策、民主主义政治体制、市场经济的导入、转型以及经济发展，再到这些社会变革的主力军如当地智库的创立，既有的欧美智库研究者们都给予了帮助。而且，这些国家的人们和既有智库的人才也会前往美国智库等学习政策和制度。就像这样，跨国的交流与合作方兴未艾。而之所以能够进行这样的活动，是因为智库有着能够应对各种社会与政策课题的信息存储和模板，以及能够应对这些课题的体制。民间非营利智库尤其在活动的自由度和灵活性、应对的速度上占有优势。

还有一点不能忘记，智库之所以能够发挥社会智囊的作用，是与支撑它的社会环境互为表里的。特别是来看美国智库，便很容易理解这一点。尽管美国也有很多政策失败的例子，但美国是一个不断追求多样和多元价值以及个人自由的开放型社会，是一个相信"知识的力量"，在不断追寻什么能起作用、什么办法更好的社会。智库作为这种社会的一个典型而存在。因此，智库有着其他系统效仿不了的独到之处，可以跨越国境开展活动。

⑤欧美（资助）基金会在发展中国家及政治体制剧变社会的智库中的作用。发展中国家和政治体制剧变社会中的智库呈现如④里所介绍的活跃状态，欧美基金会的作用功不可没。欧美的资助型基金会为前述智库的种种活动提供资金，保障它们

的运作。它们利用民间的便利身份，进入还没有建立邦交的国家和地区，支援当地的活动以及智库等民间组织的建立，鼓励当地人才更为积极地开展活动，还为当地人才赴欧美研修提供经费。

著名的例子就是，唯苏联马首是瞻的原东欧社会主义国家社会主义制度开始动摇的时候，早于这些国家与美国建立邦交之前，美国的民间基金会如福特基金会等就已进入当地，支援当地建立民间组织和活动，为民主化的顺利推进铺平了道路。

正因为有了这些民间基金会的资金和活动的支援，智库才能跨越国境开展活动。

⑥网络化。全世界的智库同行连成网络，共同进行各种各样的政策探讨、政策研究和政策对话。通过这些活动，政策精英之间不仅建立了个人联系，而且还为政策各领域课题和问题的交流和沟通打下了基础。一个国际性的政策共同体、一个有识之士的跨国网络即认知共同体（Epistemic Community）就此形成。

国际性政策的共识平台首先在这一网络中被搭建起来，当国际机构或多边国际组织就实际条款或国际性协议进行磋商时，它的大方向或方针就已经确定。如果到这一阶段才参与讨论就显得为时已晚。也就是说，只有事先参加智库网络才能参与事前的讨论。但是，日本精英极少参加这一网络，即便参加了，也终究是以个人身份参加的，日本不存在真正的智库也是一个原因，由于不是智库所支持的人才，他们的活动空间就非常有限，现状即是如此。

⑦"推销"（个体的努力）。每一家智库都拥有各自擅长的领域和拿手的办法，都在考虑"推销"自己的组织，即思考什么是"自身优势"并有效地利用好它。只有这样，才能够确保

财源和收入，以维持和发展组织及其活动，并向社会宣传组织的存在意义。

⑧新陈代谢。观察世界上尤其是美国的智库就会知道，智库世界里不断有新的组织诞生，有新的活动开展。有的智库存在已久，但影响力在下降，或者行将消失。比如美国的一些传统智库，就显得缺乏活力。而一些小型智库或网络型智库则表现活跃。但另一方面，也有传统大型智库如城市研究所等，机构变得比过去还要庞大，其如今已成为华盛顿最大的智库。

个体智库就是这样有兴有衰，但智库业界或智库产业作为一个整体，却是在不断的新陈代谢中散发着勃勃生机。

考察智库时的要点

思考智库这一组织时，以下几点非常重要。

①独立性。智库以变革社会、生产新的政策替代方案作为自己的天然使命。亦可说它是变革社会的一种标志性手段。从这个意义上讲，智库和其他特定组织或部门特别是与制定政策相关的机构等既保持着联系，又能够独立于这些机构并产出自己的政策信息。这种"独立性"非常重要，因此社会上存在支撑这种独立智库的资金也就同样重要。从这个意义上便可知，"霞关是日本最大智库"的说法本身就是对智库的一种误解。

②使命与政治价值观。智库不是单纯的调查研究机构，而是社会上从事与政策相关活动的机构。作为一个组织，它拥有自己的使命，并为实现自己所信奉的政治价值观或理念而奋斗。因此，它即便有独立性，也不可能是一个中立的组织。制定政策（方案）这项工作如果不基于某种政治价值观便无法操作。因此，一般所说的"政府是中立的"也是错误的。

③资金。独立进行政策研究需要一定的资金。为了进行独

立的政策研究，智库就必须在获取资金的方法上多动脑筋，以使自己不丧失独立性。例如，可以通过争取资助款、捐赠款和非特定项目的一般基金（不为特定目的或活动所束缚的一般资金），以及基金利息等的收益、收益项目的实施等方式来确保收益来源的多样性。

④信息（政策信息）。政策相关的信息是政策研究活动的基础。开展种种政策研究活动的必要条件就是能够获取与政策相关的信息。因此，信息公开化、研究员能够通过人脉资源等获取种种政策信息就很有必要。

⑤人才（经营者或领导者、研究者、职员）和组织。智库最重要的要素之一就是人才。这里的人才指的是理解政策研究、争取资金并经营智库的经营者或管理者，对政策研究进行策划、运营甚至能够为此筹得资金的研究者，以及从会计、总务、宣传等方面支持这些经营者和研究者的办事职员。这些人才相互合作相互补充，作为一个组织来进行活动，便构成了智库。

⑥其他组织和业界（媒体等）。智库本身不是立法者或政策执行者。但在工作中，它和政府行政部门、立法机构（议员和其工作人员）、媒体、学术界等其他行业和组织既保持一定距离又彼此关联。如果没有这些联系，政策研究的成果造福于社会就不可能实现。

智库是拥有博士学位等的专业人才集中活跃的场所。某种意义上是精英主义，是智囊集团。民间非营利独立型智库是其主要类型，发挥着民间非营利部门"智囊"的作用。属于这一部门的 NGO 或 NPO 会运用智库的活动成果，开展更具实践性的行动。智库也会把行动成果运用到研究当中。二者就是这样相互补充，分工合作，共同成长，从整体上强化民间非营利部门承担起社会运营的一方责任。从这个观点来看，可以极端地说，日本的民间非营利部门还没有"智囊"，这是它的现状。

⑦业界或环境的必要性（两个以上的智库）。智库的存在需要土壤或环境。具体来说，指的就是"政策市场""政策研究市场""政策产业""智库产业"等。关于这些，将放到后面阐述。

⑧政策研究、政策分析、政策适应性。在进行政策研究、政策分析时，政策适应性（Policy relevance）非常重要。也就是说，政策的理想和目标固然重要，但政策并非只是纸上谈兵，具备实现的可能性更为重要。

⑨推广普及、启迪民智。后面还会讲到，智库承担着社会功能。从这个意义上说，将政策研究的活动成果向社会推广普及，切实传播给有需要的人显得至关重要。智库不仅要开展研究工作，也要开展成果的传播运用工作。

⑩民主主义的存在方式。智库不仅是调查研究机构，还带来了各种各样的政策信息，刺激了政策讨论，是促使民主主义活用于社会的装置（工具）和武器。也就是说，智库是一种民主主义性质的存在方式。

其他。关于智库还必须指出以下几点，与前面或有重复。

·前述"市场、产业""组织""人才（经营者、研究者、职员）"并非各自为政，而是相辅相成的。

·智库终究是组织而不是人。但它并非秘密组织，阳光管理和高层领导非常重要。

·智库并非为研究提供资金的资助机构或委托机构，而是研究机构，是善于统筹研究，开展活动，将成果造福社会的组织。从这个意义上说，研究人员当然重要，但包括研究、策划、协调和广宣等在内的管理部门作用也很大。

本章智库等的英文名称

· 新美国世纪工程（Project for the New American Century）

· 进步自由基金会（Progressive & Freedom Foundation）

· 民主党领袖委员会（The Democratic Leadership Council）

· 进步政策研究所（Progressive Policy Institute）

· 美国进步中心（Center for American Progress）

· 杜鲁门国家安全保障项目（The Truman National Security Project）

· 新美国安全保障研究所（Center for New American Security）

· 斯德哥尔摩国际和平研究所（Stockholm International Peace Research Institute）

· 瑞典国际问题研究所（Swedish Institute of International Affairs）

· 荷兰国际关系研究所（Netherlands Institute of International Relations Clingendael）

· 法国国际关系研究所（French Institute for International Relations）

· 意大利国际事务研究所（Italy Institute of International Affairs）

· 欧洲政策研究中心（Centre for European Policy Studies）

· 德国经济研究所（German Institute for Economic Research）

· 汉堡经济研究所（Hamburg Institute of International Economics）

· IFO 经济研究所（Ifo Institute for Economic Research）

· 基尔大学世界经济研究所（Kiel Institute of World Economics）

· 莱茵－威斯特伐利亚经济研究所（Rhine-Westphalia Institute for Economic Research）

· 哈雷经济研究所（Halle Institute for Economic Research）

· 私立德国经济研究所（Institute of the German Economy）

· 国际政治安全保障研究所（Institute for International Politics and Security）

· 德国外交政策协会（German Council on Foreign Relations）

· 费边社（Fabian Society）

· 鲍集团（The Bow Group）

· 亚当·斯密研究所（Adam Smith Institute）

· 经济问题研究所（The Institute of Economic Affairs）

· 政策研究中心（Centre for Policy Studies）

· 公共政策研究所（Institute for Public Policy Research）

· 保守政策论坛（Conservative Policy Forum）

· 欧洲改革中心（Centre for European Reform）

· 改革中心（Centre for Reform）

· 皇家国际事务研究所（The Royal Institute of International Affairs）

· 国际战略问题研究所（The International Institute for Strategic Studies）

· 经济政策研究中心（Centre for Economic Policy Research）

· 宪法单位（Constitution Unit）

· 皇家联合服务研究所（Royal United Services Institute）

· 格但斯克市场经济研究所（Gdansk Institute for Market Economics）

· 社会和经济研究中心（Centre for Social and Economic Research Foundation）

· 经济发展中心（Centre for Economic Development）

· 公民研究所（Civic Institute）

· 皮尤慈善信托基金会（The Pew Charitable Trusts）

· 世界经济国际关系研究所（Institute of World Economy and International Relations, Russian Academy of Sciences）

· 戈尔巴乔夫基金会（The International Foundation for Socio-Economic and Political Studies, The Gorbachev Foundation）

· 城市经济研究所（The Institute for Urban Economics）

· 国务院发展研究中心（Development Research Centre of the State Council of PRC）

· 中国社会科学院（Chinese Academy of Social Science）

· 中国科学院（Chinese Academy of Science）

· 中华综合开发研究所（China Development Institute）

- 韩国开发研究院（Korea Development Institute）
- 国土开发研究院（Korea Research Institute for Human Settlements）
- 韩国国防研究院（Korea Institute for Defense Analyses）
- 外交安保研究院（The Institute of Foreign Affairs and National Security）
- 世宗研究所（The Sejong Institute）
- 三星经济研究所（Samsung Economic Research Institute）
- 希望制作所（The Hope Institute）
- 参与连带（The People's Solidarity for Participatory Democracy）
- 美丽基金会（The Beautiful Foundation）
- 马来西亚战略国际问题研究所（Malaysia Institute of Strategic and International Studies Malaysia）
- 马来西亚经济研究所（Malaysian Institute of Economic Research）
- 开发研究所（Institute for Development Studies）
- 沙捞越开发研究所（Sarawak Development Institute）
- 伊斯兰理解研究所（Institute of Islamic Understanding）
- 政策研究所（Institute for Policy Research）
- 政策研究中心（Center for Policy Research）
- 马来西亚战略研究中心（Malaysia Strategic Research Centre）
- 东南亚研究所（The Institute of Southeast Asian Studies）
- 新加坡国际问题研究所（Singapore Institute of International Affairs）
- 政策研究所（Institute of Policy Studies）
- 亚洲媒体信息和传播中心（Asian Media Information and Communication Centre）
- 新加坡国立大学·东亚研究所（East Asian Institute）
- 印度尼西亚战略与国际问题研究中心（Centre for Strategic and International Studies）
- 政策实施研究中心（Centre for Policy and Implementation Studies）
- 印度尼西亚战略研究所（Institute of Strategic Studies of Indonesia）
- 情报开发研究中心（The Centre for Information and Development

Studies）

　　· 泰国开发研究所（Thailand Development Research Institute）

　　· 安全与国际问题研究所（Institute of Security and International Studies）

　　· 菲律宾大学战略开发问题研究所（The Institute for Strategic and Development Studies，University of The Philippines）

　　· 文莱达鲁萨兰国政策和战略研究所（Brunei Darussalam Institute of Policy and Strategic Studies）

　　· 外务省国际关系研究所（Institute for International Relations）

　　· 中央经济经营研究所（Central Institute for Economic Management）

　　· 柬埔寨合作与和平研究所（Cambodian Institute for Cooperation and Peace）

　　· 外务省外交问题研究所（Institute of Foreign Affairs）

　　· 缅甸战略与国际问题研究所（Myanmar Institute of Strategic and International Studies）

　　· 台湾经济研究院（Taiwan Institute of Economic Research，Taipei，Taiwan-Roc）

　　· 防卫政策分析研究所（Institute for Defence Studies and Analysis）

　　· 印度国会应用经济研究委员会（National Council for Applied Economics Research，India）

　　· 政策研究中心（Centre for Policy Research）

　　· 亚太安全合作理事会（Council for Security Cooperation in the Asia Pacific）

　　· 东亚智库网络（The Network for East Asian Think Tanks）

　　· 日本国际交流中心（Japan Center for International Exchange）

　　· 加拿大国际开发署（Canadian International Development Agency）

第四章
何谓智库

如前所述，智库的特征在于它的多样性和灵活性。虽然都叫智库，它们的内涵却是五花八门、千差万别，不存在明确的定义。通过前述的种种途径学习、研究智库，并实际参与其中的活动，我有了什么是智库的实际感受。以此为基础，我想给智库下一个自己的定义，并思考何为智库的组织和功能。

定义和要点

定义

这里我要对智库下一个定义。同时对定义中的关键词做一些说明。

通过我的不同经历和多方学习，我把智库定义为"在民主主义社会中，非政策执行者运用学术的理论和方法，为保障在准确数据基础上的科学决策，开展有实效性的政策建言、提案、政策评价和监督等工作，使政策制定过程充满多元性和竞争性，促进市民参与政治，抑制政府垄断的组织"。

给智库作以上定义时，对其中关键词作如下说明。

①非政策执行者：智库本身并非法律和政策的制定或执行机构，而是在对政策研究的基础上，提出政策点子或制定替代方案的组织。

②学术：以专业性或学术知识为基础开展研究活动。并非仅仅基于一时的想法来提出政策替代方案等。

③多元性·竞争性·竞争：因为智库并非政策的制定或执行机构，所以它可以从不同角度为社会提供政策性点子，通过它的活动，促进政策制定过程公开化，为其带来多元性和竞争性。

政策研究

智库从事政策相关的研究，利用其成果开展活动。如果仅是从事政策建言活动，并为它的实现开展种种公关活动，这样的活动叫作政策游说（advocacy）。这个词本来是"拥护""支持""提倡"的意思，近年来日本用它来表示"政策建言""维护权益"的意思。也有的专家将advocacy定义为"为解决社会问题而对政府或自治体以及类似机构发挥影响力，以促使公共政策制定或修改的活动"（参见维基百科）。这与智库既有关联又有明显区别。

连接"知识"（学术、理想）与"治理"（政治、治理、政策、现实）的机构

智库从事的是基于学术的专业性研究。但是，这与大学的专业性基础研究不同，其研究始终是以在现实政治或政策中的运用为目标，其活动始终是以解决现实问题为目的。对大学来说，独创性（originality）很重要，但对智库来说，在实践中重

新组合这些独创性的基础研究，并把它运用到实际的政策中去更重要，点子掮客（Idea Brokers）似的作用更重要（参见詹姆斯·A. 史密斯著《美国智库——总统与政策精英的世界》，原书名为 *The Idea Brokers*：*Think Tanks and the Rise of the New Policy Elite*）。

换一种说法就是，智库的独创性研究，相比一个个的独创性，正确组合已有的研究成果，进而获得现实社会中政策性突破的那种编创性更有意义。由此可见，智库是将学术及学问上的造诣转化为现实社会的行动方案，使二者相结合的一种装置［参见铃木崇弘、上野真城子《世界的智库——连接"知识"与"治理"的机构》（『世界のシンクタンク…「知」と「治」を結ぶ装置』）］。

中介机构

智库，特别是作为世界智库主流的民间非营利独立型智库，与特定的企业、立法和行政机构都保持着距离，因为其独立，反而能够起到连接这些机构与市民的中介作用。为了发挥好这一作用，全世界的智库都在频繁举办会议、研讨会、论坛等。

民主主义的装置

通过前面的介绍我们已经知道，智库不只是调查研究机构，它还是使政策制定过程更为公开化，让更多角色参与进来，从而引入竞争性，在社会上实现民主主义过程的一个工具，正可谓民主主义的装置［参见下河边淳主编《政策制定工作的启动——市民社会中的智库》（『政策形成の創出…市民社会におけるシンクタンク』）］。后面还会说到，日本的所谓"智库"，其作为民主主义装置的作用，几乎不曾体现。

组织要素

综观世界上的智库，欲开展理想活动，必以拥有"民间""非营利""独立""公益"等组织要素为佳。

民间

智库的作用在于不断改善现实的社会问题和课题，或者是评价当前政策，为改变现状制定出改善的替代方案。智库只有与现行立法或政策执行机构保持一定的距离，才能够客观地进行研究和活动。因此，它是"民间"组织这一点至关重要。

非营利

智库从事的政策研究虽然是智力劳动，但它是研究人员从事的密集型劳动，未必能获得高收益。而且，创造成果的人与利用成果的消费者之间关系并不明确，按照资本主义的一般模式，它作为"商业"无法成立。由此可知，智库只能以研究产品出资人不同于研究成果受益人的"非营利商业"模式成立。关于这一点，后面还会详述。

独立

"独立"性问题。智库不断改革现状，为民主主义社会的运行服务。为此，智库与现有的各种组织和制度都保持一定距离。对智库而言，拥有独立性至关重要。当然，智库以改变现有政策为目的，虽说是独立，但如果脱离现实，游离于社会，从事无用的研究和活动也毫无意义。这里说的"独立"是处于理想与现实的二律背反之中的。

公益

最后是"公益"。智库活动的最终目的是改变现实社会并造福社会。从这个意义上说，智库的研究和活动是有助于公益而存在的。和海外智库有关人士交谈时，我感觉到和日本合作伙伴相比，他们对自身活动或组织的社会作用及公益性有更高的认识。

而且，不仅认识水平或志向高人一筹，关键还在于在智库和民间非营利活动中他们乐在其中。我至今记得一个从商界转入智库业界的美国人说过"非营利事业比赚钱更加激动人心"。

功能

下面我将举例说明智库的功能和作用。

基于专业性的研讨功能

日本中央的区域社会中，迄今也在进行某种意义上的政策研究和政策讨论。但是，这些信息是否得到整理和存档，却不能不令人怀疑。因为日本的政策研究或政策讨论并非建立在正规的学术专业基础之上，也不以公开为前提，所以便无法存档。提出时下标新立异的建言，吸引媒体的关注，进而获得评价，这件事做起来简单，却无法作为政策信息保存下来。政策是关乎价值观的问题，唯有经过深入研讨，才能够检验政策得失，为下一次制定积累经验。

深入研讨立足于学术的专业性。有了专业性，经验才会被积累，国际比较才能进行。智库的本来意义就包括从事政策研究，提出政策替代方案，积累政策信息和经验。这一工具带来的是未来政策讨论方式的变革。政策现场有很多实际数据、信息和事例。但是，只有经过学术上的专业分析和研究才会成为政策信息存储下来。从这个意义上说，智库从事这一工作，然后运用于实际的政策制定非常重要。

与专业性相关的，还有人才问题，这里也稍作提及。一般认为，日本倾向于培养通用型的干部人才，但那只是章鱼罐型社会（组织）（组织之间就像并列挂在铁线上的章鱼罐一样，各自为政，缺乏沟通。——译者注）里的通用型人才，很难说这种人才就具备了广阔的视野和丰富的经验。从这一观点来看，他们也不是真正意义上的通才。只有人员流动少的日本社会才会产生这种现象。风险型企业很难在日本成长，也通常被认为是因为日本不存在职业化的管理人才。职业化管理人才不分领域，作为企业管理的专家，能够管理各种企业，并使其发展壮大。在欧美，不仅是企业，就是在大学等高等教育机构里，也是由校长等大学管理的专家来负责管理大学，在大学间流动。这样的人才被称作学术管理者（academic administrator）。

政策研究也有同样的一面。从国际上看，政策研究者是一群拥有自己的专业领域，拥有或在智库，或在大学，或在政府的各种工作经历，专业见识不断加深，个人获得成长，能站在更高的角度来影响政策制定的人才。通过这样的人才流动，对社会整体的理解、对某一领域或政策的理解也才能深化。这类人才就是已故大来佐武郎先生（1914～1993 年，日本经济学家和政府官员，其制订的经济计划使得日本在 20 世纪 60 年代不到十年间国民收入翻了一番。——译者注）所说的 "T 字形人才"，即拥有专业的通才。

制定替代方案的功能

各种地方政策的策划和制定向来是以地方政府为中心的。近年来，各地由议员、市民提出有别于政府的条例或政策方案的事例时有发生，出现了一些变化的征兆。

但是，策划及制定非应急性的一类政策，最好应该有两个以上建立在扎实政策研究基础上的替代方案，在方案的相互比较中扩大政策讨论，然后决定最终的条例或政策。为此，就需要有非政府的组织，或政府中与日常业务不同的部门，换言之，也就是独立的智库，或拥有这一功能的政府部门，提出政策替代方案。有了替代方案，市民、政府内部以及地方一把手在讨论政策时就有了广度。相比于通过政府内部讨论制定政策的传统做法，今后只有让更多的角色参与进来，开展更为开放的讨论，才能确保社会政策的正当性。从这一点来看，在政策制定过程中也应采取动员多方角色，共同讨论，达成政策合意的做法。

独立智库（功能）在打造实现这一做法的环境方面卓有成效。

人才蓄水池的功能及为人才提供发展空间的功能

大学基本上从事的是基础研究或理论研究，集中了各领域的科研人才。大学有时也做应用研究，但这样的研究较难在学会上获得好评，而且大多是出于研究者个人的兴趣，还算不上主流。在大学这样的地方，受到奖励的往往是更为基础的研究。结果，那些从事基础研究或理论建构的人才，若还想将其研究应用于社会实践的话，就需要另找场合。此外，在政府机关等与政策制定相关的机构中，其工作重心在于实践与日常业务。

在这些机构中，尽管需要却很难培养出能够进行科学思考和政策研究的人才。政策研究就更为严峻，尽管在日本最近有了些许变化，但它一直被称为"学界的孤儿"。

出于上面的原因，那些想要将基础研究或理论研究成果运用到实际政策中，或者想要对当下政策相关的各种问题进行科学研究的人才，就需要活跃的场所。而能够为这些人才提供活跃场所的便是智库。

实际上全世界的智库，都会有大学教员转来做基于自己理论的研究，构建政策替代方案，一旦获得机会便会携带这一替代方案，为实践或实现它而跨入彼时的政坛。不然，就把智库当成进入政坛前暂时的栖身之所，继续从事政策研究。另外，也会有人因为政权交替等，离开行政或立法部门，转入智库工作，以便对自己当年的工作经验做科学的政策研究。其中也会有人为了做基础研究而转入大学工作。

就像这样，往来于大学、智库、政府部门、议会（立法）等工作单位，并与这些单位保持联系的人才，以智库这一中介机构为轴心，多角度地参与政策研究。此类人才的典型例子有美国的前国务卿基辛格（Henry A. kissinger，哈佛大学、CSIS）、前总统国家安全事务助理布热津斯基（Zbigniew Kazimierz Brzez-inski，哥伦比亚大学、CSIS）、前国防部长麦克纳马拉（Robert Strange McNamara，哈佛商学院、多个智库、福特汽车）等。而在日本，竹中平藏进入内阁任职之前，曾在好几个从事智库性活动的组织工作过。

论坛、网络、中介以及作为桥梁的功能

独立型智库并不隶属于政府、企业等特定的组织或部门，它是独立的。那些担心来自特定组织、团体或部门的影响，或

者想避免给人留下与这些组织、团体或部门有牵连印象的人或组织，就比较容易与独立型智库保持联系。

而且，独立型智库会举办各种形式的论坛、演讲、会议和新闻发布会等，没有人会误解这些活动或会议是在为某个有特定利害关系的组织或行业做广告宣传。大学的专家、研究员、行政官员、政治家、新闻记者、市民、企业人士等关心政策的各界人士会聚一堂，能够比较自由地参加活动和会议，发表意见，相互交流，等等。于是，这些人之间就形成了人脉网络，大家相互交换意见、收集或提供信息。

市民和专家可以学习行政或政治知识，而官员和政治家则可以通过与市民的交流，了解实际发生的事情和市民的需求。学者可以获得有关实际体验的信息，其他领域的人则可以了解科学研究的成果。智库具有通过网络将各领域的人联系起来的集成功能。

增长和普及知识的功能

通过智库专家的研究活动，政策科学等学术成果被运用到实际政策当中，给现实社会施加了影响。通过智库的活动，学术、知识的成果被广泛地运用于社会。

因为智库也要从事基于现实社会数据的政策研究，所以它的信息和研究本身也会成为大学基础研究的对象。而且尽管智库政策研究的质量参差不齐，但也有研究员推出了高质量的学术研究成果，其出版物有的成了大学教材。因为他们的研究成果比较接地气，所以也给各领域的知识带来了广度和深度。另外，智库的研究成果大多扎实地建立在以政策科学为首的各领域学术基础之上，其成果经过恰当处理后比大学研究成果更具有实用性，也更容易被广大读者所理解。政治家、行政官员、新闻记者和市长等也更容易运用这些成果。结果就是，智库生产的知识有助于更多的人理解学术或专业领域的意义或重要性。

信息的社会性积累

尽管不知何时需要，但为应付不时之需，社会有必要储存各种各样的信息。但离政策现场越近，这一点越难做到。据说，"9·11"恐袭事件发生的前几年，美国的一家智库就发布了关于恐怖活动的研究报告，该事件发生以后，这一报告立刻被派上了用场，制定出了应对恐怖活动的政策。

迄今为止，日本存储的政策制定信息仅供直接参与者使用，外人无从接触。因为这些信息不以公开为前提，再加上机构人事变动等主要原因，总而言之，日本未曾存储过可供社会利用的信息。近年来，由于信息公开法的制定，情况多少发生了一些改变，但很难说现状就有了多大改善。与政策无关的组织要积累对政策制定有用的信息，难度确实很大，但如果对此做了恰当的积累，当需要评价、修改或更新政策时，就能够应用自如。

由此可见，智库在政策信息的社会性积累方面也能够发挥作用。

教育和启蒙功能

智库虽然是研究机构，但其存在意义还在于联系社会。换句话说，智库的运营，只有在其成果被政策相关人士以及社会广泛理解时，才能作用于社会。因此，为了提高人们对政策的理解，智库会举办研讨会（如布鲁金斯学会面向普通民众开设的研讨会等），并发行出版物。例如，美国的传统基金会就出版了以 *ISSUE S2000* 等为代表的一类图书，面向候选人简明扼要地阐明各种政策课题，并策划或举办研讨会。而通过这些途径得到启蒙和教育的不仅有市民，还有以议员和公务员为首的政策相关人士。

译介功能

智库从事的是学术成果、学术理论、学术方式或方法基础上的政策研究。具体来说，包括定性或定量的调查、数据的收集、整理和分析、模拟实验、既有政策分析与评价、影响与效果、规划预测、提出新思路新范式、政策建言、政策解释等活动。

为了将研究员的活动成果反映到现实社会的政策制定当中，很少有智库会将其成果直接公布于世。他们一般会聘请写手，将智库内外的编辑或研究员提交上来的研究报告等进行改写，使之更为通俗易懂（有的智库有自己的出版社，如布鲁金斯学会），或利用非文字媒介的专业人员（媒体应对、会议筹办方面的专家、影像导演、制表专家等），通过类似笔译或口译的方式，使政治家或官僚为首的大多数人更容易接受这些研究成果。

作为评价者、监督者的功能

自从政府机构出台关于政策评价的法律，即所谓《政策评价法》于 2002 年实施以来，日本国内中央及地方自治体就开始了政策评价。但是，这种政策评价以政策制定者的自我评价为中心。该活动尽管有它自身的意义，但政策评价还是应该由第三方或是不直接负责该项政策制定的部门进行客观的评价，才能够将其成果运用于政策改善，以发挥评价本来的作用。从这个意义上说，作为评价者、监督者，独立智库意义重大。

智库的评价因为更为客观，所以也更容易获得市民的信任，成为市民思考政策的参考，且能缩短市民与政策的距离。而对政府部门来说，应该积极认识到，其制定的政策可能会招致一些批评，但这反而有利于政策完善，且政策一旦获得好评，也会对其实施起到很好的推动作用。而且，通过独立智库（功能）提出有实效性的政策建议或提案，在与之对比的过程中，也容易对政策方案等作出评价。

今后的政策将更为重视所谓的说明责任（accountability），因此，不能获得社会支持的政策将越来越难以为继。在这个意义上，政府也许应该朝着信息更加公开、争取社会理解、赢得"经得起评价的支持"的方向转变。

促进市民参与的功能

前述种种功能归结起来就是，在政府或其政策制定部门之外，独立智库从事政策研究，制定政策替代方案，使政策制定过程呈现多元性和竞争。于是，市民有了运用其成果或将其成果与政府政策做比较的可能。有时还可以直接参加智库的活动，加深对政策的理解，更多地参与政治。如此一来，智库便具备了抑制政府（无论是中央还是地方）、议会等垄断政策制定的功能。

第五章
日本智库

前面我从不同角度对何谓智库以及海外智库做了介绍。在此基础上，本章我将探讨日本智库发展的过程、轨迹及其现状。

2005年，日本迎来了终战六十周年。也就是说，战后民主主义迎来了"花甲"之年。这一年也是日俄战争终结一百周年，正是这场战争的胜利驱使日本采取了殖民政策。

这一年还是"五五年体制"确立第五十个年头。所谓五五年体制，指的是因受1955年日本社会党再次统一的刺激，日本自由党与民主党合并（保守合并）成为自由民主，之后，执政党自由民主党和在野党日本社会党成为两大核心政党，虽不曾发生过政权交替，但彼此获益，构筑起了类似两党政治的体制。一般认为，1993年日本新党等组建的细川内阁成立，标志着自民党单独执政的五五年体制崩溃，从那时算起十二年过去了。另外，促使日本市民运动和NPO活动迈上新台阶的阪神淡路大地震发生在1995年，至2005年刚好十周年。

2001年，与传统自民党政权行事风格迥异的小泉内阁成立。2005年，邮政民营化法案遭到否决引发众议院解散，自民党在随后的大选中历史性地大获全胜。这一选举给自民党总部、执行部以及选举手段带来了很大变化，被认为改变了以后的日本政治，并因此诞生了"2005年体制"。

就这样，以2005年为历史节点，政治和政策的存在方式发生了很大变化。在把握这一变迁的基础上，我将试着思考过去以及今后日本政策的制定方式及日本智库。

"智库"一词在日本出现至今大约经过了40年。前面讲过，我与智库打了约20年的交道，日本智库近一半的历史是我经历的。因此，本章我想结合过去的经历，从日本智库的角度来探讨日本的政治制度和政策制定。特别是最近十年左右的时间里，能够看到与以往不同的动向，我想以此为中心思考日本政治制度、民主主义和未来政策制定的可能性。

前史——智库作为调查机构的时代

从智库热看日本智库的历史

首先来看2005年之前的十多年，即20世纪90年代中期之前日本智库的活动情况。

战后日本的民主主义始于战败后对外来政治体制的移植。但是，与战前一样，中央省厅依旧承担了政策制定的大部分工作。日本原来确立的是政府服务于天皇并对日本实施统治的制度，后来才设立议会制度作为补充。以战败为契机，现行日本国宪法成立，它规定了国民主权，国会是国家最高权力机关及国家唯一立法机关，可实际情况与战前并无二致，以行政为中心的政策制定体系仍在持续。

尽管这样说未必严谨，但从历史上看，明治维新以后，日本形成了以天皇为中心的政策制定体系。为了使天皇制发挥作用，建立了参议制及其周围的行政组织。作为补充机构，又附加了议会。所谓参议，指的是明治政府早期的执政官，辅佐太政大臣和左右大臣处理国务。西乡隆盛、大久保利通、木户孝允等人都曾担任参议，他们主要选拔自幕末雄藩。

也就是说，广义上讲，以天皇制为中心的"大行政机构"，辅以议会制以吸纳其他意见，便构筑起了当时政策制定的整体框架。当然，随着时代的发展，议会也曾有过一定的影响力，但政策制定的中心仍是行政机构。该阶段持续到太平洋战争结束。战争结束后在美国占领军司令部 GHQ 的授意下，民主主义被写进了日本宪法，国会成为最高权力机关。

然而，使这一制度名副其实的政策基础设施或架构实际上并未建成，以行政为中心的政策制定体系一直持续至今。其象征性的实例就是：政府公务员现在仍是服务于天皇的"（行政）官员"，而国会职员因为服务于众参两院议长，所以不是"官员"，而只是单纯的国家公务员。

曾有一国会职员告诉我，国会职员这份工作最早是从看管议长或议员鞋子的"下足番"一职诞生而来的。也就是说，现行法律中，虽同为国家公务员，但从历史过程来看，存在着行政官员地位优于国会职员的背景。极端而论，宪法的条文规定姑且不提，这实际上导致国民形成了"行政高于立法，更值得信赖"的意识，并影响了包括监督和制衡意义在内的民主主义在日本的存在状态。

由此也说明，我们有必要从根本上重新思考日本的政治体制以及政策形成体系的应有状态。但是，尽管如此，战后特别是战争刚刚结束时，与现在不同，政策制定或政治制度并不僵化，且因为处在对别国发展模式的追赶阶段，优秀的通才型官僚主导的以行政为中心的政策制定发挥了有效作用。

其成果就是日本迎来了经济高速增长的时期。但是，这一增长的结果导致了公害包括城市问题频频发生，探索不同于以往的社会开发新模式变得非常必要。在这种情况下，日本政府和自民党都开始认识到，日本在行政之外也需要能够做政策研究和建言的智库。另外，社会对不唯官命是从，能够独立制定政策，开展更广泛社会性活动的人才或机构的需求不断增加。金融界广泛支援社会活动的一个象征性举措就是，将援助智库、提高其分析能力放入视野的中山素平、木川田一隆提出"一千亿日元基金会构想"。中山素平是参与过战后产业重组的日本兴业银行（现为瑞穗金融集团）前董事长，有"金融界鞍马天狗"之称，积极从事业界活动，对战后日本社会有过巨大的影响；木川田一隆是东京电力前社长，作为经济同友会代表干事，与中山一起，同为经济界的实力大佬。

以这样的社会性需求为背景，如表 5－1 所示，1970 年前后，成立了一批后来被称为日本主要智库的组织，有日本经济研究中心（1963 年）、野村综合研究所（1965 年）、社会工学研究所（1969 年）、三菱综合研究所（1970 年）、未来工学研究所（1971 年）、政策科学研究所（1971 年）、余暇开发中心（1972 年）等。这一时期被称为"第一次智库热"，特别是 1970 年还被称为智库元年。这一现象与前面介绍的日本发展阶段有关。除部分智库外，大多数智库都是为了获得中央及地方政府，特别是国土开发、交通计划、环境保护方面的委托项目而成立的。

表 5－1

智库热	时期	主要智库	备注
第一次	1970 年前后	野村综合研究所（1965 年）、社会工学研究所（1969 年）、三菱综合研究所（1970 年）、未来工学研究所（1971 年）等	智库元年（1970 年）

智库热	时 期	主要智库	备 注
第二次	80 年代后半期	金融与保险、制造业、地方银行系统智库的设立	非营利主体，开始关注 NPO
第三次	90 年代前半期	自治体主导	
第四次	1997 年前后	民间非营利独立型	2004 年前半期结束
第五次（？）	2005 年前后	政党系统	能否成为热潮？

政界对可能的政权交替有了危机意识，金融界高度认识到了国家智库的必要性，社会对以上智库的期待高涨。标志性的事件就是，根据《综合研究开发机构法》，在政界、经济界、中央政府及地方自治体通力合作下，综合研究开发机构（NIRA）于 1974 年成立。NIRA 通常被称为政府智库，但它本身并不从事研究活动，而是为"面向 21 世纪的课题"等综合项目提供研究经费，为培养政策研究协调员和培育日本智库做贡献。正如该组织的名称一样，它发挥的是开发研究的作用。

像这样，成立 NIRA 的目的原是要让它成为政权更替下无法再依赖行政机构时的智囊，但 NIRA 一度曾发挥更大的作用。例如，大平内阁时期，它不仅提出了环太平洋合作构想和田园都市构想等政策构想，而且其事务局还起到了对抗霞关的智库性作用。可惜大平首相突然离世，这些政策构想虽被下届的中曾根内阁继承了一部分，但并未获得真正有效的利用。

1973 年 10 月，第四次中东战争爆发引发了石油危机，随后经济一片萧条，以民间为服务对象的智库陷入低迷。结果造成智库在活动经费来源上加大了对中央或地方政府的依赖。

与此同时，1975 年，以经济同友会出身的广田一为中心，成立了政策构想论坛。通过按专题组建专家队伍的方式，从经济界的视角开展独立研究和建言活动。1972 年，为支持以日本社会党江田三郎为中心的结构改革派，以革新派学者和新闻记者为中心，结成了现代综合研究集团，从革新的立场出发积极开展了政策相关活动。

20 世纪 70 年代，还成立了一些独立型的中小智库，尤其对地方政策的制定产生了一定影响。例如，关西地区可以列举出关西文化学术研究之城的提案，以及"新近畿的创建计划"（昴星计划）提案等。

到了 80 年代后半期，金融与保险、制造业、地方银行系统纷纷设立智库，形成了"第二次智库热"。后来，泡沫经济的破裂使得智库设立热潮又复归平静。特别是以民间智库为主体，为扩大收益结构，谋求经营稳定，有的组织开始转型，拓展活动范围，在传统的研究和咨询业务之外增加了系统集成（System Integration）业务。野村综合研究所就是一个典型。

90 年代前半期，在高知县、宫城县、新潟县、鹿儿岛县、名古屋市、堺市等自治体的主导下成立了很多智库。这些智库情况各异，有的是单立门户，有的是在内部另设一承担此功能的组织，还有的是在原有组织内增加了一个智库性的功能。这一时期可以称为"第三次智库热"。

迄今为止的日本智库及其活动是怎样的呢？其一般特征如下〔参见石田肇《加快制度重建与信息公开》（『制度の見直しと情報公開を急げ』），《THIS IS 读卖》，1996 年 8 月号；铃木崇弘、上野真城子《世界的智库——连接"知识"与"治理"的机构》，1993，第 205～213 页〕：

① 主流是营利法人。

② 组织仅靠研究无法维持。

③ 对母体企业、母体组织的依存度高。换言之，独立性低。

④ 研究时间较短。

⑤ 研究成果不公开的比例高。换言之，公益性不强。

⑥ 集中在东京。

⑦ 因为不是非营利组织，所以只能从事能挣到钱的研究。

⑧ 规模小。

⑨ 缺乏对国际问题的探讨。

⑩ 基于专业性的政策研究极少，缺乏真正的政策研究。

⑪鲜有对政策制定过程产生巨大影响的研究。

从这些特征可以知道，日本机构一般都不具备智库发挥本质作用的必要条件。而且据我所知，至少在那时之前，甚至没有哪家机构满足了这些条件。

了解一下这类智库的历史和文献，还会了解到以下情况。

看看海外的实例和它的历史就会知道，智库从一开始就是从事公共政策研究的机构之一，是连接"知"（学问、见识）与"治"（政治、政策）的知识战车，是民主主义的武器和工具，是构筑政治中的政策的知识基础设施的一部分。智库通过自己的活动使得以企业和选民为首的民间角色参与了政策制定，而不仅仅是政治家和政府才可以这么做。

然而，至少在20世纪80年代末之前，在日本还极少有人认识到智库是民主主义的工具，社会还主要把它看作单纯的调查研究机构，从未超出这个范围。从前面的介绍可知，民间的金融界、经济界或企业界有过一定程度的努力，而除此之外的民间或政界，可以说鲜少谈论民主主义社会"来自政府以外的政策选项"的必要性，甚至是智库的必要性（注：政界参与智库建设的例子，可以举出刚才介绍的 NIRA 以及作为自民党内部组织而设置的自民党综合政策研究所等）。更何况因为政策研究在现实中很难与利益相结合，所以认真探讨以民间非营利的立场从事独立智库活动，或切实开展具体活动的情况就少之又少了。

这一现象与在日本鲜少从政策制定过程中应重视多方参与的民主主义观点论及智库有密切关系。从"智库是民主主义工具或武器"的观点来看，以上情况换一种说法便是，迄今为止的日本智库，归根结底是作为调查研究机构存在的社会组织，但这并非智库的本来面貌。

出现这种情况一个原因是，海外智库的组织及其概念尽管在日本受到了关注，但人们并不理解作为民主主义工具的智库要在社会上发挥作用，离不开孕育并培养这些组织的周边社会环境（资金、人才、信息、组织、法制的完备等），因此也不曾为培育这样的环境而努力。实际上这个原因也可以用来解释NPO法人的现状。按2006年11月30日的统计，NPO的数量据说已接近3万，但从NPO健康成长所需的资金、人才以及其他许多方面的条件来看，日本的社会环境和资助制度过于脆弱。政府在福利和看护等领域向NPO提供了资金，这些领域的活动也的确重要，但其作用不过是替代政府提供廉价服务而已。因为NPO部门还不存在提示社会发展方向和政策方案的智库式的智囊活动，所以整个NPO部门仍未发展到对社会拥有重大影响力的地步，这是现状。尽管潜力很大，但很遗憾，长此以往，NPO将无法成为构筑现在及未来日本新社会的强有力火车头，而这本来是人们所期望看到的。

20 世纪 90 年代的动向——成为民主主义武器的尝试

新动向和潮流

此后，经济进一步发展，由于泡沫经济的产生及崩溃，加上随之而来的社会老龄化，日本政府官员或行政部门主导下社会管理的问题和局限性开始显现。在此背景下，到了 1990 年前后，关于非营利组织和 NPO 的讨论开始兴起，民众或市民作用的重要性开始被提及。尤其是泡沫经济崩溃后的 1995 年，阪神淡路大地震发生之后，在灾区重建过程中，志愿者活动及市民活动发挥了巨大作用，对 NPO、NGO 活动及其社会作用重要性的认识水平得到了提高。

正是因为社会老龄化和泡沫经济崩溃，政府（官员）主导的社会管理暴露出了它的问题和局限，才开启了非营利组织的讨论，以及前面提到的那些活动在日本的展开，并与日本智库构建迈上新台阶联动起来。

我的经验

下面我结合自身经历谈谈日本的智库问题，内容与前面或有重复。

1985 年我从海外留学归国，在 NIRA、国会议员政策小组以及日本的所谓智库的工作经历，让我意识到了日本政策制定过程中政策研究和政策信息的肤浅与脆弱，以及过分依靠政府决策的问题。于是我开始思考，能不能在日本创设一家像美国布鲁金斯学会那样能够从民间立场独立进行政策研究和政策建言的机构，以使日本的政策制定更加公开，更加具有创造性。而这一想法与前述日本民间非营利活动受关注程度高涨，以及民间力量参与社会和公共活动必要性的提升形成联动。

在笹川和平基金会（SPF）工作时我已经可以独立提出项目方案，所以我提议在日本创设民间非营利独立型智库，并与美国实力智库城市研究所（UI）合作，于 1991 年开始了这一项目。作为项目的一环，开展了日本所需智库模式的共同研究，走访调查了世界 16 个国家的上百家智库。作为成果，出版了《世界的智库》（『世界のシンクタンク』）、《政策形成与日本型智库》（『政策形成と日本型シンクタンク』）等著作。而且作为与 UI 开展研究活动的一环，还和 UI 研究员雷蒙特·斯特赖克及上野真城子一起，在日本寻找创设智库的赞助人或合作者。这一项目集大成的活动便是 1995 年"世界智库论坛"的召开（论坛详情参见表 5 - 2），以世界银行前行长罗伯特·S. 麦克纳马拉为首的世界银行领袖云集东京。

表 5 - 2　"世界智库论坛"概要

A. 日程

1995 年 2 月 13 日

大会致辞 笹川阳平 ［（财团法人）日本船舶振兴会理事长］

大会主持人 下河边淳（世界智库论坛执行委员会委员长，东京海上研究所理事长）

会程介绍

威廉·戈勒姆（William Gorham）（城市研究所所长·美国）

第一场座谈：民主主义社会中智库的作用

主持人：福川伸次 ［（株式会社）电通总研代表董事社长兼研究所所长］

第五阶级：为了民主主义社会"被充分知情基础上的讨论"的调查研究

克劳福德·D. 古德温（杜克大学教授·美国）

公共政策研究与慈善活动

詹姆斯·A. 约瑟夫（全美基金会联席会理事长·美国）

美国智库和决策过程

布鲁斯·麦克罗里（布鲁金斯学会会长·美国）

美国之外的民主主义社会智库的作用

评议人：

墨西哥智库的情况

路易斯·鲁比欧（开发研究中心所长·墨西哥）

印度尼西亚智库的情况

优素福·瓦南迪（印度尼西亚战略与国际问题研究中心管理委员会议长兼理事·印度尼西亚）

东欧智库的情况

凯文·F. F. 奎格利（威尔逊中心客座研究员、皮尤慈善信托基金会公共政策部门项目前经理·美国）

续表

第二场座谈：个案研究：世界智库——其活动及影响力
主持人：小岛正兴［西科姆（株式会社）董事副会长］
国际经济研究所的案例
托马斯·巴亚尔（国际经济研究所所长代理兼研究员）
世界资源研究所的案例
杰西卡·T. 马修斯（对外关系委员会高级研究员、世界资源研究所前副所长·美国）
经济政策研究中心的案例
理查德·波特斯（经济政策研究中心所长、伦敦商学院教授·英国）
泰国开发研究所基金会的案例
图瓦采·永吉提库尔［泰国银行家协会事务局长、该基金会前副所长·泰国］
评议人：威廉·戈勒姆、克劳福德·D. 古德温

第三场座谈：政策研究中日本今后的作用——挑战和变革
主持人：岸田纯之助［（财团法人）日本综合研究所名誉会长］
为给全球政策研究做贡献日本所应发挥的作用
罗伯特·S. 麦克纳马拉（前国防部长、世界银行前行长·美国）
民间公益活动的新气象与对政策研究机构发展的期待
山本正［（财团法人）日本国际交流中心理事长］
评议人：歌川令三［（财团法人）世界和平研究所理事兼首席研究员］、盐野谷祐一（一桥大学教授）
各场座谈会主持人（福川、小岛、岸田）
会议总结：下河边淳

1995 年 2 月 14 日
闭门会议
大会主持人：下河边淳
第一场座谈：研究资助：其目的和议题的设定
主持人：山本正
第二场座谈：全球政策研究项目的组织化及创设
主持人：威廉·戈勒姆

大会总结：下河边淳
午饭及大会闭幕式

B. 与会者名单
日本参会者
猪口孝　东京大学教授
歌川令三

岸田纯之助	
小岛正兴	
佐伯喜一	（财团法人）世界和平研究所常任顾问
盐野谷祐一	
下河边淳	
福川伸次	
山本正	
海外参会者	
凯文·F. F. 奎格利（Kevin F. F. Quigley）	
克劳福德·D. 古德温（Craufurd D. Goodwin）	
威廉·戈勒姆（William Gorham）	
詹姆斯·A. 约瑟夫（James A. Joseph）	
雷蒙特·斯特赖克（Raymond J. Struyk）	
托马斯·巴亚尔（Thomas O. Bayard）	
理查德·波特斯（Richard Portes）	
罗伯特·S. 麦克纳马拉（Robert S. McNamara）	
布鲁斯·麦克罗里（Bruce K. MacLaury）	
杰西卡·T. 马修斯（Jessica T. Mathews）	
图瓦采·永吉提库尔（Twatchai Yongkittikul）	
路易斯·鲁比欧（Luis Rubio）	
优素福·瓦南迪（Jusuf Wanandi）	

（工作单位及职务为时任）

　　这些活动的成果推动了日本国际交流中心政策研究项目"全球智库网"的建设以及国际研究奖学基金会（后来更名为东京基金会，以下称东京基金会）在 1997 年的成立，该基金会拥有日本首个真正从事独立智库活动的部门。它的成立是我进入 SPF，并于 1989 年前后真正从事创设智库活动后用时约八年才看到的成果。

　　如前所述，从某种意义上说，我是碰巧进入 SPF，闯过了种种难关，才使得关于智库的研究项目立了项。尽管曾一度被人说"在日本建不成什么智库"，但它作为研究项目，不仅出了成果，被很多媒体争相报道，而且也发表了基于这一成果的约稿论文。但是，真正想成立智库的赞助商，现实中却难以出现。

从过去的经验中我也预测到，在日本，即便人们理解了民间非营利智库设立的必要性，在现实中，恐怕也并不容易找到能为此出资的人。作为前述世界智库论坛的成果，大会通过了关于实施政策研究国际新机制的提案，但好事多磨，虽然全球智库网的事业得到了推动，但智库的创设却搁浅了。

智库项目因为该论坛的举办而告一段落，我也为下一步应该如何走冥思苦想。靠基金收益运营的组织无不受到当时泡沫经济崩溃伴随的低利息之苦，SPF 也不例外。关于组织发展方向的内部讨论异常激烈，组织的整体氛围变得焦躁不安，性质将发生重大变化。SPF 的母基金会（财团法人）日本船舶振兴会（现通称日本基金会）也因为职员腐败等问题，正承受着巨大的社会压力，组织改革迫在眉睫。

在这种情况下，时任日本基金会总务部长的尾形武寿（现为该基金会理事长）对我说"日本基金会要进行机构改革，你来做具体工作吧"。我决定挑战这份新的工作，一是考虑到自己在 SPF 有过机构重估，在取得内部共识基础上制定改革方案的经验，在新地方有可能运用这一经验；二是考虑到 SPF 当时变成了较为保守的组织，而日本基金会以问题为契机正欲重生，这期间或许可以积累一些有意思的经验及建立新的人际关系；三是考虑到机构改革的经验也会对自己有朝一日创设智库起很大作用。

从 1995 年 12 月 1 日开始，我从 SPF 被借调到日本基金会工作。一周以后曾野绫子履新会长，我现在还清楚地记得，当告诉她我在日本基金会上班时，曾野会长笑着说："是吗？那我还是后辈啊。"当时的日本基金会，上上下下都有一股创建新机构的朝气，所以我在制订项目计划（方案）、变更预算制作过程、业务评估、举办思考新"公共"的外部专家论坛等方面，都积累了很多有意义的经验。特别是当我受命担任总务部企划处处长时，手下聚集了一帮优秀肯干又幽默风趣的人才，度过了一段非常愉快的时光。

智库东京基金会的创立

就在这期间，笹川阳平理事长（时任，现为会长）和尾形部长告诉我"这次要成立智库了，过来加入我们吧"。那是1996年下半年的事情。记得听到这句话时，我有一种梦想终要成真的兴奋感。

当时，在与政府的关系上，公益法人承受的压力也很大。因此，虽然以前有谈过要成立独立基金会，但后来改成了将来自SPF的委托项目笹川青年领袖奖学基金（SYLFF）与智库事业合并，把原本要分开组建的两个机构做成一个基金会。我把自己积累的所有经验和对智库的想法和热情都投入这一智库事业的计划和方案中。在法人化过程中，经过与政府部门（因为成立资金来源于摩托艇业界，其管辖部门为国土交通厅）沟通，大框架没做什么大修改便获得了认可，仅有几处小改动。1997年7月1日，智库设立获得政府批准。

以前我就想如果要在日本创设智库，我一定要请竹中平藏（时任庆应义塾大学综合政策系副教授）做核心成员。在尾形部长的陪同下，我开门见山地与竹中进行了谈判，希望他参与这一既有一定优厚资金又有相当自由度的真正民间非营利智库的活动。竹中当即表示愿意参与，于是我便请他出任研究理事。

为什么选择了竹中平藏？这有多方面的原因。

智库基本上是经济学家的大本营，在美国也是如此。因为作为智库研究对象的政策，主要是处理预算如何分配，资金流动如何管理等问题，所以专业的经济学家当然会发挥重要作用。竹中平藏是经济学家，满足了这一条件。

在智库的定义和作用一节我讲过，智库是社会性的存在，它的头面人物应做到将政策相关的专业问题尽可能地向普通人讲清楚并给人留下深刻印象。也就是说"沟通能力"非常重要。在这一点上，竹中平藏通过电视等媒体已为人所熟知，有很高的社会知名度。无论是在电视媒体还是各种纸质媒体上，他都有能力运用自己极为卓越的沟通能力，让普通人理解复杂的政策性问题。

最后是竹中平藏自己有无意愿了。在基金会成立之前我曾有几次机会拜见他，当我和他谈起尝试在日本创设智库的话题时，竹中本人曾说："我想在智库工作。但因为日本没有智库，所以才在大学教书。"

基于以上这些原因，我打定主意，如果有可能创设智库，就要请竹中担任核心成员，竹中平藏的名字在很多方面都很重要。

就这样，我获得了竹中平藏加入智库的允诺，东京基金会于 1997 年 7 月成立。其后我仍留在日本基金会，继续业务改革等工作。但是，东京基金会的研究部门（从事智库活动的部门）还没有正式员工，活动并未开始。让民间非营利独立型智库在日本开展活动是我多年的梦想和希望，我为此努力过，这一次又深度参与了东京基金会的创设，当看到它的活动还没有开始，想要为它做点什么的愿望便强烈起来。于是，我向上司尾形部长和笹川理事长说了自己的想法，他们都正面理解了我的意图，同意我调到东京基金会工作。

只是这时候，我必须选择是以借调的方式到东京基金会工作，还是完全成为东京基金会的一员。虽然 SPF 的入山理事长

（时任）说"你也可以回来"，但我想给自己和其他职员一个了断，更想全力以赴地挑战自己多年想要成就的事业，便下定决心彻底离开 SPF，专心从事东京基金会的智库活动。终于从1997 年 10 月 1 日开始，我到东京基金会上班。

与政策相关的各种动向

这里我想稍微转变一下话题，说一说当时日本智库的状况。

1997 年前后，日本正处于"第四次智库热"和"非营利智库热"当中。而且这一年还正好是日本"民间非营利独立型智库元年"。作为经济团体联合会的独立部门，以金融界视角为基础开展政策活动的"二十一世纪政策研究所"于同年 3 月成立；作为日本麦当劳原大股东藤田商店的一个部门，"藤田未来经营研究所"于同年 4 月成立；由市民运动发展而来立足草根进行政策建言的"市民立法机构"于同年 5 月成立；凭借来自以日本基金会为首的赛艇相关资金，志在从事真正的政策研究活动的"东京基金会"于同年 7 月成立；由前政府官员担任代表，从事政策提案制定活动的"构想日本"于同年 4 月成立；在以革新派学者和新闻记者为中心构成的网络基础上从事政策活动的"二十一世纪政策构想论坛"于 1998 年变成特定非营利活动法人（通称 NPO 法人）。正如这些例子所显示的那样，尽管资金来源、规模、组织构成等各不相同，但从事民间非营利独立活动的组织接连不断地诞生。此外，作为民主党派政策研究和活动相关的组织，还成立了"市民制定政策调查会"（即所谓"市民政调"，2001 年 2 月成立）以及"智库网络中心 21"（2000 年 1 月成立，所长为东京大学名誉教授宇泽弘文）。

这些民间非营利独立型智库性组织作为一个群体出现，这

五大智库热烈讨论，参见 *AERA*，1999 年
8 月 9 日号，朝日新闻社。

在日本智库史上还是第一次，具有划时代的意义。在不久的将来，日本也有可能像美国那样出现多个智库竞相提出政策替代方案，行政部门、立法机构和市民都参与到更加公开而有创造性的政策制定过程中来的景象。其象征便是将五家民间非营利独立型智库关于政策课题的讨论成果汇成专辑的新闻周刊 *AERA* 所作的"五大智库热烈讨论"的报道，以及同样由几家民间非营利独立型智库出席的"日美智库会议"（1999 年 1 月召开）。

作为发言人之一，我曾参加了"日美智库会议"。我清楚地记得自己在发言中说道："很早以前我就开始了创设民间非营利独立型智库的活动，想起了曾被人说'这在日本是不可能的事儿'。现在看到多家这样的智库聚在一起召开这样的会议，真是令人感慨万千"。看看书末附的图表便可知，在此十年间，日本大学与研究生院、学会还有法律等方面，关于政策的种种变化已经发生。

首先，很多大学在系或研究生院开设了政策相关专业。随着国立大学的独立行政法人化，只要不介意学校水平高低，全体高中毕业生都有大学可上的时代的到来，加上司法考试改革、以法科研究生院或会计研究生院等重视专业性的研究生院为中心的大学整编，以及社会上对政策的关注度提升等，大学自身纷纷在本科或研究生院开设了政策系（参见表5-3）。但政策不只是理论，现场经验也很重要，而且因为是综合性学科，这些系或研究生院还面临着诸如师资、教育与研究的方式问题以及学生毕业后的去向等许多亟待解决的课题。

表5-3 全国政策系大学研究生院／系学科（Policy School）一览

东京大学：公共政策研究生院公共政策学合作研究部·教育部
京都大学：研究生院法学研究科·国际公共政策专业
京都大学：研究生院经济学研究科·商学专业公共政策研究方向
京都大学：公共政策研究生院
一桥大学：研究生院国际企业战略研究科法务·公共政策专业
大阪大学：研究生院国际公共政策研究科
北海道大学：研究生院公共政策研究科
政策研究研究生院大学：政策研究科
筑波大学：研究生院经营·政策科学研究科
首都大学东京：都市教养学科都市政策研究方向
庆应义塾大学：综合政策系·政策·媒体研究科
早稻田大学：法律系公共政策专业
早稻田大学：研究生院公共经营研究科
同志社大学：研究生院综合政策研究科
关西学院大学：综合政策系·研究生院综合政策研究科
立命馆大学：政策科系·研究生院政策研究科
城西大学：现代政策系
法政大学：社会系社会政策学科／研究生院社会科学研究科政策科学专业
千叶大学：法（学）经（济学）系综合政策专业
千叶商科大学：政策情报系
中央大学：综合政策系·研究生院综合政策研究科、研究生院公共政策研究科
岩手县（相当于省，下同）立大学：综合政策系
爱媛大学：法（学）（人）文系综合政策专业
静冈文化艺术大学：文化政策系
岛根县立大学：综合政策系
熊本大学：法律系公共政策专业
熊本县立大学：综合管理系·行政管理研究科

续表

群马大学：社会情报系政策·行政情报研究方向
山形大学：人文系综合政策科专业
鹿儿岛大学：法（学）（人）文系法政策专业
信州大学：研究生院经济·社会政策科学研究科
鸟取大学：教育地域科系地域政策课程
防卫大学校：人文·社会科学专业公共政策学科
麻布大学：环境保健系　环境政策学科
樱美林大学：经营政策系
杏林大学：综合政策系
尚美学院大学：综合政策系
松阪大学：政策系·政策科学研究科
四日市大学：综合政策系
圣学院大学：研究生院政治经济系地域政策学科/政治政策学研究科
爱知学院大学：情报社会政策系
爱知学泉大学：地域政策系
大阪学院大学：法学系法政策专业
大阪商业大学：研究生院地域政策学研究科
北九州大学：法学系政策科专业
岐阜经济大学：经济系地域福利政策专业
京都橘女子大学：文化政策系文化政策专业
高崎经济大学：地域政策系地域政策专业、地域政策研究科
高崎经济大学：地域政策系观光政策专业
帝塚山大学：法政策系
东北文化学园大学：综合政策系
德岛文理大学：综合政策系
鸟取环境大学：环境情报系环境政策专业
名古屋学院大学：经济系政策专业
中京大学：综合政策系
南山大学：综合政策系
平成国际大学：法律系法政策专业
山梨学院大学：研究生院公共政策研究科
龙谷大学：NPO 地方行政研究方向

（排序不分先后）

资料来源：参见政策分析网，http://www.policy-net.jp/archives/cat_1299438.html。

与这些大学动向同时发生的是日本公共政策学会（1996 年成立）、政策分析网络（1999 年成立）、政策情报学会（2005 年成立）、日本评价学会（2000 年成立）等政策相关学会的陆续成立。另外，还诞生了日本 NPO 学会（1999 年成立）、日本志愿者学会（1998 年成立）等非营利活动相关学会。这些学会超越了过去以大学人才为核心的学会框架，吸纳了实务家的加入，而且超越了专业领域，将研究者和实务家们联合起来，共同关注政策或非营利活动。不过，参加这些活动取得的实际成绩与参加者的职业发展如何关联还需要下功夫研究。如果这一课题得不到解决，这些学会未来的发展壮大就会成问题。这与大学的问题也都有关。

在法律与制度方面，改变过去政策框架的法律也陆续出台了，如"政策担当秘书制度"（1994 年）、《特定非营利活动促进法》（2003 年实施，即所谓 NPO 法）、《关于行政机关拥有信息公开的法律》（2001 年实施，所谓《信息公开法》）、《关于行政机关实施政策评价的法律》（2002 年 4 月实施，所谓《政策评价法》）等，成为政策方面的基础设施。这些法律的出台代表了社会前进的方向，应该受到人们的欢迎，但现实中仍存在很多课题。例如，政策担当秘书制度实施后，几乎都是由长年担任公设秘书的人通过资格认定成为政策担当秘书，政策担当秘书工资相对优厚，如果不是因为工作能力强而是因为工作年头长获得任命，就会造成现实中政策担当秘书在议员制定政策方面未必能作出多大贡献，可这才是这一职位设置的初衷。

《特定非营利活动促进法》实施以后，有近三万法人（所谓 NPO 法人）进行注册，但国家和民间的资金并未流向除老年人护理或环境问题等部分领域外的其他领域，很多组织都处于休眠状态或者并不活跃；《信息公开法》颁布后，尽管普通人已可通过一些手段获取行政信息，但还不能说当前的行政部门已转变部门心态，将信息的对外公开作为其工作前提；《政策评价法》的实施确实是社会的一大进步，但大多数的政策评价还是行政单位的自我评价，其作用虽也不可否定，但很难说它会比第三方评价更加客观，更加有助于政策的完善。

尽管以上这些现状反映出来很多问题，但是在大学、学术界或学会以及法律方面同时采取这些举措表明：虽然过程各不相同，但背后都与必须超越传统框框以变革日本的社会思潮，外部参与政策制定必要性认识的提高、日本社会日益高涨的闭塞感及传统手段运用时的捉襟见肘之感密切相关。

独立智库的活跃

这里我们要聚焦1997年前后成立的智库，看看影响政策制定的具体事例。这样的例子有很多。例如，"二十一世纪政策构想论坛"在《借地借家法》修正上施加了直接影响，"构想日本"的活动为1999年7月中央省厅改革关联法的出台施加了持续性影响，等等。下面我想通过介绍自己曾参与的东京基金会的具体活动，来思考1997年前后成立的智库在政策制定方面所起作用的意义。

东京基金会于1997年7月成立。它拥有较大规模的基金，在继续扩充基金的同时，又把从民间立场提出独立政策、从事政策建言活动作为工作重心。该基金会吸引学者、市民、议员和官员等运用数据与学术手段积累政策信息，开展政策研究。与此同时，充分利用这些研究成果，举办座谈会、研讨会、记者见面会，直接向以首相、大臣、议员为首的政策制定者建言献策等，起到了一个日本政策研究和政策信息发布中心的作用。

其研究成果以图书和册子等方式出版，其中高水平的研究成果由日本评论社作为"东京基金会政策研究系列"出版。另外，以商业出版的方式发行的图书等也很多。例如，美国传统基金会面向候选人发行《政策简况指南》，东京基金会模仿它的做法，发行了面向日本政策制定者和选举候选人的政策简报《政策课题2001》。该简报作为竹中大臣的政策参考书，曾被《朝日新闻》报道过。有几家出版社前来接洽出版事宜，最后由朝日新闻社以《日本再生总蓝图——政策课题2001》（『日本再生のトータルプラン…政策課題2001』）为书名出版了。

再就是在经济·股票新闻专业频道"日经CNBC"上，开设了一档讨论政策相关话题的节目"政策观察21"。另外，还发行了名为《智囊内阁》（*Intellectual Cabinet*，简称IC）的半月刊简讯。IC上这样写道：

> 此为讨论政策问题的简讯，其宗旨是让高水平的政策研究者站在客观立场上评判政策，提供有建设性的高质量的专业意见。在唤起全面并有建设性的政策讨论的同时，以崭新的方式开展政策建言，为日本政策制定过程的多元化做贡献。

IC简要归纳各时期的政策课题，分发给全体国会议员、各省大臣、政府部门、各县知事、有识之士等，吸引政界和官员一起参与政策讨论，获得了很高的评价。举一个例子，时任文部科学省大臣读了IC上刊发的一篇针对文部科学省政策的批评报道后，曾向IC反馈说"想写反驳意见"。如表5-4所示，香西泰［时任（社团法人）日本经济研究中心会长］担任IC主编（好比首相），岛田晴雄（庆应义塾大学教授）以及竹中平藏（时任东京基金会理事长及庆应义塾大学教授）担任副主编（好比副首相、官房长官），其余从事政策研究的大学教授、新闻记者共 21 人，好比各省（这里指中央部委。——译者注）的大臣，他们组成了一个智囊内阁，每月召开一次会议（相当于内阁会议），讨论政策问题。

　　IC 委员都是高水平的专家（个个都是能够在学术研讨会上作基调演讲的各领域最顶级专家），每次会议的出勤率都很高。能够和这么多来自各机构和领域的成员见面，会议成了各成员相互启发并获取有益信息的场所。后面还会介绍，有几位成员通过竹中平藏的推荐成为小泉内阁应对各种局面的得力干将。

表 5 - 4　　《智囊内阁》委员会

159

主编	香西泰	（社团法人）日本经济研究中心会长
副主编	岛田晴雄	庆应义塾大学教授
	竹中平藏	东京基金会理事长、庆应义塾大学教授
委员	浅见泰司	东京大学副教授
	池尾和人	庆应义塾大学教授
	伊藤元重	东京大学教授
	岩田一政	东京大学教授
	浦田修次郎	早稻田大学教授
	大田弘子	政策研究大学院大学副教授
	北冈伸一	东京大学教授
	榊原清则	庆应义塾大学教授
	篠原总一	同志社大学教授
	清家笃	庆应义塾大学教授
	田中明彦	东京大学教授
	田村次朗	庆应义塾大学教授
	中马宏之	一桥大学教授
	船桥洋一	新闻记者
	本间正明	大阪大学教授
	吉田和男	京都大学教授
	岩杉隆平	横滨国立大学教授

　　资料来源：参见 2000 年 3 月上旬号 IC 中刊载的委员表。职务系当年职务。委员有部分变动。

　　像这样，东京基金会以政策研究活动为基础，通过口头、书面、图像等多种形式和多种媒体，努力宣传研究成果。正如同美国华盛顿智库所做的一样，开展了许多宣传、普及和启蒙的活动。

　　除这些日常性政策活动之外，还举办了几项值得特别一提的活动。

　　一是举办"模拟峰会"。八国首脑峰会自 1975 年开始举办以来过去了四分之一世纪，随着国际社会的局势发生很大变化，其意义也发生了转变。因此，为了使以后的峰会发挥更有效的作用，并为国际社会的和平和安定做出贡献，作为新举措，东京基金会举办了"模拟峰会"（2000 年及 2001 年召开）。一批政策方面的国际顶级专家，在峰会举办的三个月前，分别从八个国家齐聚主办国，共同讨论与该年度峰会议题相关的政策问题，并向参加国首脑提出政策建言（形成的政策建言书参见图 5－1）。为了使成果能够助力同年 7 月召开的冲绳峰会，第一届模拟峰会于 2000 年 4 月在东京举办，就全球化、核扩散问题、国际金融稳定等经济与安全保障领域的广泛议题进行了高水平讨论。会议成果除作为政策建言提交给森喜朗首相外，还在记者会上发布。2001 年则是在意大利召开了筹备会（2 月）以及正式峰会（7 月），向以峰会主席国意大利外长雷纳托·鲁杰罗（Renato Ruggiero）为首的相关人士提出了政策建言。

　　主要与会者有美国的亨利·基辛格（前国务卿）、罗伯特·佐利克（Robert Bruce Zoellick，前副国务卿）、弗雷德·伯格斯滕（C. Fred Bergsten，国际经济研究所所长）、英国的约翰·齐普曼（John Chipman，英国国际战略研究所所长）、列昂·布里坦（Leon Brittan，前欧盟副主席、前内务大臣）、意大利的雷纳托·鲁杰罗（Renato Ruggiero，前 WTO 事务总长）、切萨雷·梅

图 5 - 1　模拟峰会的政策建言书

利尼（国际关系研究所所长），加拿大的温迪·多布森（Wendy Dobson，多伦多大学教授兼该大学国际商业所所长）、芭芭拉·麦克杜格尔（Barbara McDougall，前外交部长），德国的卡尔·凯泽（外交政策协会研究所所长）、大卫·福克兹·兰道（David Folkerts-Landau，德国银行常务董事），日本的行天丰雄［（财团法人）国际通货研究所理事长］、船桥洋一（朝日新闻社编辑委员）、竹中平藏（东京基金会理事长），法国的帕特里克·梅瑟利（Patrick Messerlin，巴黎政治学院教授兼世界经济政治学小组组长）、蒂埃里·德·蒙布里亚尔（Thierry de Montbrial，法国国际关系研究所所长），俄罗斯的鲍里斯·费奥多罗夫（Boris Fyodorov，前财政部长）等（职务为时任，敬称省略，年份不同与会者有变动）。

这一项目是由东京基金会联手美国的国际经济研究院（现为彼得森国际经济研究所），以及其他峰会参与国有实力的研究所一起实施的。与会者的交通费和场地费等由主办方提供，但并不向与会者支付酬劳，大家是自愿参加的。

二是举办国际互联网会议。2000 年 7 月，引领 IT 革命的美国、欧洲及以日本为首的亚洲互联网创业领袖齐聚一堂，目的是向九州·冲绳峰会推送有关世界互联网最尖端潮流及未来展望的政策性意见。该会议总结的政策建言，在首相官邸提交给了担任本届峰会主席的森喜朗首相，并在峰会形成的《IT宪章》中得到反映。公开讨论结束后，还举办了记者见面会。会后又出版了有关本会的著作《IT革命　面向新世纪的挑战》（IT革命　新世紀への挑戦）。与会者有孙正义（软银集团董事长兼总裁）、约翰·钱伯斯（John Chambers，思科系统公司总裁兼首席执行官）、杰夫·贝佐斯（Jeffrey Preston Bezos，亚马逊网络商店创办人/首席执行官）、杨致远（雅虎公司董事）、李泽楷（盈科集团主席兼首席执行官）、三木谷浩史（乐天总裁）、村井纯（庆应义塾大学教授）、竹中平藏（东京基金会理事长）等（职务为时任，敬称省略）。

本次会上东京基金会仅负责场地费和住宿费，而飞机票等交通费则全部由参加者本人负担。在举办主体的问题上，一直想要召开同样会议的政府，曾多方洽谈合办事宜，但东京基金会坚守民间立场和独立办会的宗旨，未有妥协。

三是森内阁的"政策特别工作小组"（TF）。2000年夏天，TF被组建以强化森喜朗内阁政策智囊作用，东京基金会为事务局。其目的是实现首相主导下灵活的政策运作，就重要政策项目向森喜朗内阁提出建议。成员有来自首相官邸的森喜朗（首相）、中川秀直（内阁官房长官，卸任后由福田康夫继任）、堺屋太一（经济企划厅长官）、安倍晋三（内阁官房副长官）；来自金融界的牛尾治朗（牛尾电机代表董事长）、樋口广太郎（朝日啤酒名誉会长）、水口弘一（野村综合研究所顾问）、宫内义彦（欧力士集团代表董事长）；还有具备学术经验的伊藤元重（东京大学教授）、村井纯（庆应义塾大学教授）、竹中平藏

（东京基金会理事长）等（职务为时任，敬称省略）。

在无政府官员出席的情况下（开始是排除官员列席的，后来才允许作为大臣秘书官的部分官员列席），从这年夏天到 12 月，小组成员几乎每周聚会一次，商讨政策问题并向内阁提出政策方案。

TF 的活动成果如下。

① 学习政策性知识。每次会上都会定期邀请金融界人士或专家学者以经济、外交、IT 等领域为中心分享政策课题相关的信息或政策替代方案。

② 改善政策手段。改善 IT 战略会议的委员构成、运作管理，改善 IT 基本法的策划制定。

③ 尝试民间主导。起草了首相 2000 年 10 月的施政演说报告。这是战后由民间主导的首次尝试。事务局设在东京基金会，我和同事田幸大辅（就职于现在的经济同友会）两人一起与竹中平藏边协调边保证它的运作。事务局没有官僚参与，TF 运作的主导权完全在民间。

④ 尝试政策制定的新方法。为了向森内阁推送政策，在首相官邸内举办"新生政策会议"，国内外政策方面高水平的有识之士出席，就 IT 革命和经济结构改革交换意见；作为延伸活动，在官邸外举办"关于日本新生的公开政策会议"。会议的安排和运作都是与当时内阁官房的内阁外政审议室阿南惟茂室长主管的行政官团队一起在东京基金会事务局进行的。东京基金会事务局戏称这一情形为"占领官邸"。

为了让社会更广泛地共享这些会议成果，还举办了学生也能参加的"新生周"，建立了"新生日本"网站等。通过这些活动，尝试让更多的有识之士和专家参与政策制定，构建更为公开的政策制定系统，提高社会透明度。考虑到当时的政治状

况和政治局势，可以自信地说，因为 TF 的存在，森内阁在政策
方面取得了一定成果，政策制定也呈现出活力。在后来竹中平
藏作为经济财政大臣发挥核心作用的"经济财政咨询会议"运
作中，这些活动经验也得到了运用。

　　活用民间智慧，公开政策相关信息，并将其与政治结合，
推送政策。经济财政咨询会议也充分利用了以学者、金融界出
身的民间议员为中心的民间智慧，并尽可能地公开会上的讨论，
打造了突破行政旧式条框和思维的政策点子和政策制定过程。
虽然不敢说所有尝试都是成功的，但是，在日本现状下探索新
模式经验并加以存储的做法，与小泉内阁着手日本结构改革一
样，具有非常重大的意义［经济财政咨询会议政策制定方面的
种种尝试，参见大田弘子《经济财政咨询会议的斗争》（『経済
財政諮問会議の戦い』）、饭岛勋《小泉官邸秘录》（『小泉官邸
秘録』）、竹中平藏《结构改革的真相　竹中平藏大臣日记》
（『構造改革の真実　竹中平藏大臣日記』）］。

智库诞生的第一位内阁大臣

　　竹中平藏从小渊内阁的"经济战略会议"开始步入政权。
作为东京基金会理事长，他参与了以森内阁 TF 为首的基金会的
各种政策活动，缩短了与政策制定和执行者的距离，并于 2001
年 4 月就任大臣。2001 年伊始，竹中平藏就和小泉纯一郎频繁
见面，我也听竹中说过，他建议小泉"如果要参加自民党总裁
选举，就应该制定自己的政策构想"，还请过京都大学教授吉田
和男、东京大学教授北冈伸一、庆应义塾大学教授岛田晴雄等
给小泉议员讲课。当时还看不出小泉纯一郎能够成为自民党总
裁和首相。

　　但是后来，日本的政治氛围发生了很大变化。对诞生自民党派阀体系及森内阁的密室政治、森首相的失言以及危机管理不当等的反感，导致政权支持率走低，内阁的运作和维持变得困难起来。大多数自民党党员对参加总裁选举，宣称要"打破自民党的派阀政治"的小泉表示了支持，而这对自民党国会议员产生了影响。在总裁选举中，小泉以大幅领先的优势击败了桥本龙太郎和麻生太郎，取得了压倒性胜利。

　　没想过能当选总裁的小泉当选总裁之后，我想应该是在竹中平藏加入内阁的 4 月 26 日的前几天，我被叫到东京基金会理事长办公室，竹中平藏对我说："动员小泉参选到现在骑虎难下了。小泉对我说，'接下来的斗争会很激烈，作为大臣加入内阁和我一同战斗吧'，我答应了他。你先不要跟别人说"。记得我当时回答道："我预料到了。我也想象过这样的日子到来的时候。请加油干吧。今后我也会全力以赴支持您的。"

　　在此之前，竹中曾指示我"小泉要我给他提交一份组阁名单，你帮我列一下吧"。我就料想到竹中有可能入阁或者这一可能性会很大，但是，竹中提交的名单草案中要是出现"竹中平藏"的名字会显得很不自然，所以他制定并提交了一份删掉了自己名字的组阁名单草案。

　　当时的东京基金会占据了日比谷一栋大楼的一整层。在大楼入口附近，等待采访竹中的媒体人士日渐增多。因此，竹中潜藏到了另一个地方，偶尔才会走后门来基金会上班。到了 4 月 26 日，组阁名单公布之后，竹中担任了大臣。那之后的东京基金会，摆满了许多人送来祝贺他荣升大臣的蝴蝶兰。到现在我还能忆起当时的情景和花的馨香。对当上大臣就会发生这样的事情有了实际感受。

　　还有一点需要补充的是，为了提高日本政策的质量，与前面提到的 TF 同步，竹中还组织了由金融界人士和学者专家等组成的另一个小组（小组成员特意由不同的人才组成，将该小组与政治相连的是竹中和东京基金会事务局），与以鸠山由纪夫代表为首的民主党议员小组每月举办一次学习班。参加达沃斯会议的鸠山、竹中二人意气相投，鸠山同意竹中的提案就办起了这个学习班。记得当我初次听到竹中跟我提这个学习班时，我还问他"这样做真的合适吗？同时支持执政党和在野党不可笑吗？"但是最后，在"为了使日本政策变得更加美好，两边的学习班都跑起来吧"这一点上，我理解了他的做法。因为作为大臣加入执政党内阁的人，再当这一学习班的核心成员不太合适，竹中自己主动退了出来，但之后仍时有参加学习班。

竹中作为大臣加入小泉内阁前后，东京基金会都在背后给予了援助。草拟组阁名单一事前面已经讲过，还曾参与小泉前首相 2001 年 5 月发表的施政演说草稿的撰写。虽然官员最后重写了一份，但我们的草稿也被报纸用一个版面做了披露，成了一段宝贵的经历。

后来，以森内阁时期的 TF 成员为中心，再加上其他有识之士，组建了竹中机动队，事务局设在东京基金会。背着媒体在周末召开过几次会议，支持竹中大臣乃至小泉政权。东京基金会正是在成立的第四年，诞生了智库的首位大臣，从背后开展了支援政权的活动，迎来了组织最辉煌的时刻。然而，这些活动都是在幕后进行的，因此并不为社会所知。

东京基金会的活动范围远远超过了日本迄今为止的所谓智库，在日本智库史上留下了浓墨重彩的一笔。但是，政策研究的核心人物竹中平藏离开基金会以后，基金会的运作，特别是智库活动的参与人员发生了变化，用从前的方式开展活动开始显得困难起来。智库活动的维续和发展方式可能多种多样，我也为此做了一些自己的探索，但是现实让我感到力不从心。结果，2001 年 7 月末，我也辞职离开了东京基金会。

智库活动从鼎盛期急转直下，短时间内发生了太多事情，令我有怅然若失之感。换句话说，我确实体会到了维持、运作和管理智库这样的智力组织有多艰难。在这种情况下，因为基金会的关系，我得以观察到朋友及熟人的人生百态，深刻感悟到了人际关系的复杂以及人生的意义。而我的突然离职，也给很多人带来了不便，为此我也感到后悔并做了反省。在这个意义上，这段经历对我来说是一次很好的人生历练。

说句题外话，在我人生处于如此严峻而且痛苦的时期，韩国出身却在日本甚至亚洲全境都极为活跃的艺人 BOA 的歌曲成为我的精神支柱。她在日本的出道时间和我在东京基金会体会到辉煌和绝望的 2001 年偶然重合。我第一次听到她的歌时，她在日本还不像现在这样出名，那哀婉的歌声让我感受到了一种向上和不屈的精神。现在想来，当时年纪轻轻刚出道的她，需要跨越新世界的藩篱，跨越国境、语言和文化，挑战各种问题和困难，歌曲的精神正是这种意志和努力的体现。而这成了触动我内心琴弦的精神支柱。因为有过这样一番体验，我现在还是 BOA 的超级歌迷，本书也是一边聆听着她的歌曲一边写作的。

智库现状

下面，话题重新回到日本智库上来。以东京基金会为首，1997 年之后成立的民间非营利独立型智库，与之前成立的智库有很大的不同，可以说在政策制定方面开展了有相当活力和影响力的活动。这是来自民间的活动，完全不同于以往来自行政和企业的活动，反映了政策制定方面出现了新角色，是多元化的体现。

另外，行政部门也有了不同以往的动向。（独立行政法人）经济产业研究所从母体经济产业省独立出来，从与其不同的角度进行政策建言。在这里，行政、大学及民间出身的研究者们相互切磋砥砺，间或提出与行政现行政策立场相异的建言，引起社会上的讨论及评价。这也说明，以行政为中心的日本，政策制定出现了多元化的尝试，值得肯定。

这些不同以往的动向也常常在媒体上被提及，获得了很高的社会评价。作为新动向的中心，数家民间非营利独立型智库的成立也给政策制定带来了影响，为政策制定的多元化做出了贡献。也就是说，即便在日本，智库看上去也已经开始承担起自己作为民主主义工具的责任。然而，支持这些组织和活动的土壤、财政以及组织运营方面的基础条件在日本毕竟薄弱，在它们真正立足于社会之前，到了 2004 年前半年前后，就有的组织解散，有的实际上停止活动，还有的弱化或转型，直到今天。

具体一点来看，社会工学研究所（据说该组织 2007 年夏开始逐渐恢复活动，参与了广岛县岩国锦带桥地区的申遗工作以及体育城市构建活动等）、（财团法人）国民经济研究协会、SAISON 综合研究所等一些划时代的日本型智库，在这短短几年间都倒闭了。2004 年 3 月，野村综合研究所缩小了它的政策建言部门"研究创发中心"，剥离了宏观经济分析部门，将四十名经济学专家调往野村证券，实质上消解了自己作为智库的功能。

民间非营利独立型智库也发生了巨大变化。二十一世纪政策构想论坛因为缺少实力赞助商的支持，举办活动受到不少限制，二十一世纪政策研究所也失去了活力。东京基金会尽管还在提出政策建言，但能够从事政策研究的体制已不复存在。但是东京基金会的体制在 2006 年 3 月发生了变化，所以之后的活动也发生了变化。藤田未来经营研究所因为母公司经营体制的变化和经营困难，也在 2004 年 3 月关闭。构想日本原本就是把重心放在提出政策建言而非从事政策研究的组织。（独立法人）经济产业研究所越发增强了行政中心的色彩，推进政策多元性的力量正在减弱。

就这样，从事独立政策研究活动，并在此基础上建言献策，给政策制定过程带来多元性的智库，在 2004 年 3 月几乎全部从日本消失了。

就我的理解，日本此前也有过以多种多样方式进行政策建言的组织和活动。但是，包括政府机构在内，能够在扎实的学术讨论基础上进行政策研究，并在这些成果的基础上进行政策建言，且不断存储政策信息的智库几乎无一幸存。放眼国际，可以说这就是日本政策制定上政策信息质量方面存在的巨大的差距。

如前所述，智库不仅存在于欧美这样发达的民主主义国家，它也存在于包括柬埔寨、越南等经济发展迅猛的亚洲、放弃社会主义制度推进民主化的中东欧，以及以社会发展为目标的南美和非洲（非洲智库据说以政策建言活动为中心）。总之可以说除日本外，智库是世界"通用语"并不为过。

而且政策并不局限于一国之内，在与海外的相互比较中，其制定效率和质量的重要性日益增加。举一个企业法人税的例子。简单来说，企业设立总部的时候优先考虑法人税的问题，假设法人税以外的条件相同，企业当然会选择去法人税低的国家和地域设立总部。因此，从政策上来讲，那就应该尽早制定低于其他地方的法人税，以实现招商引资，这样随着企业的迁入，税收自然就会增长。从这个例子可以看出，就算实施一项政策，与海外的关系以及政策制定的速度都非常重要。真正从事政策研究的智库，其作用比过去变得重要得多。

而在这样的情况下，日本智库的消失和缺位却在发生，这正说明了当今日本的政策状况。对日本智库来说，现在正是到了恢复重建的阶段。

今后的可能性

但日本今后并非没有希望。

首先，曾担任东京基金会理事长的竹中平藏于 2001 年 4 月出任内阁府特命担当大臣（金融·经济财政政策）。可以说他是真正意义上"日本智库诞生的首位大臣"。再者，因竹中平藏而参与东京基金会政策活动的精英学者们，很多与政府和政权建立了联系。例如，大田弘子（历任内阁府参事官、审议官、政策统括官，大田在安倍政权里出任经济财政政策担当大臣）、本间正明（历任经济财政咨询会议议员、事务局长，政府税制调查会会长），还有，冈本行夫（总理大臣辅佐官）、岛田晴雄（内阁特别顾问）、阿川尚之（驻美公使）、北冈伸一（前日本驻联合国副大使）、香西泰（历任"金融领域紧急应对战略项目小组"组长、"金融问题机动部队"成员、内阁府经济社会综合研究所所长、政府税制调查会会长）、岩田一政（内阁府政策统括官→日本银行副总裁）、伊藤隆敏（副财务官。现为经济财政咨询会议议员）、伊藤元重（邮政民营化有识之士会议成员、综合研究开发机构理事长）、吉田和男（金融再生项目策划制定项目组成员）等（括号内为曾经担任的职务）。还有与东京基金会没有直接关系的滨田宏一（内阁府经济社会综合研究所所长）、月尾嘉男（总务厅总务审议官）等。现在，这些人几乎都结束任期，重新回到了在野的状态。

　　日本的政策制定迄今为止都是以终身雇佣制基础上的官僚行政为核心的，因此，即使智库要从事政策研究，因为无法在政策现场开展其中心活动，熟知政策现场的民间精英数量非常有限。曾参与政策制定实际现场的大田弘子曾指出"政策离不开妥协"，"我很怀念之前理想化地讨论政策问题的时光"，这些话令人印象深刻且启示良多。

　　这一次，正因为有许多这样的学者积累了政策现场的经验。恢复在野身份后，以他们为中心，日本民间政策研究有望变得更具实践性，更符合现实的需要。也许还可以期待他们集结起来创立新型智库。近年来，为构建新型日本社会，越来越多的人呼吁有必要设立政策学院与管理学院，许多大学都开设了培养政策人才的公共政策研究生院。我想只有利用好那些在政府机构或内阁里有过从政经验的精英智慧以及政府智慧，这些研究生院才能够发挥其应有的作用。

第六章
政党智库的现状及可能性

设立智库的探索

2001 年我与一群参与或关心智库的同道一起组建了名为"二十一世纪智库平台"的非法人团体，目的就是探索智库的新模式。为了构筑能够诞生独立智库活动的体制，我们脚踏实地地开展了一些活动，可是由于担任事务局局长一职的人把活动的大本营转移到了中国上海，这一活动立即受挫而停顿下来。在智库外部大环境和我身边小环境发生变化的同时，在与众议院议员盐崎恭久、朝日新闻社特别编辑委员船桥洋一、构想日本的西田阳光、博特盈公司代表董事长橘民义等人交流的过程中，举办由有识之士和超党派议员组成的"智库研究会"，一起学习和思考智库的事情确定了下来。参加的议员主要来自当时的自由民主党、民主党和自由党［参见盐崎恭久《日本复活——从"破坏型改革"到"创造型改革"》(『日本復活「壊す改革」から「つくる改革」へ』)］。

2002 年 5 月 16 日举行了第一次开班会，其后分别以"美国的政策制定与政策环境""欧洲智库""外交共同体（特别是关于外交问题智库的建设方法）""日本公益法人——其现状和今后的可能性""互联网与政策制定""东南亚的智库"为题，召开了七次正式会议，每隔一到一个半月召开一次。在此期间根据需要还召开了仅有核心成员参加的会议。而且，以参加者为对象还做了一次关于智库的问卷调查。调查结果汇总如下。

· 所有答题人都认为智库是必要的。

· 关于智库的理想形态，回答五花八门，有独立行政法人、民间非营利独立型、政党直属（或关联）、立法机构直属、大学直属（或关联）、NPO 等，其中回答民间非营利独立型的最多。

· 关于智库建设的方法策略，有构建税收优惠制度，创设政策研究的推进基金，构建资助基金会等，回答前两项的比较多。

· 创设理想型智库困难的情况下，作为退而求其次的形态，回答包括改组行政附属的政策相关研究机构，创设类似"独立行政法人经济产业研究所"的研究所*，灵活运用民间研究机构，改组 NIRA*，创设由国家预算出资的立法机构研究所*、改组国会图书馆*、改组国会附属的政策相关机构，构建国家预算拨款资助政策研究的体制*，改革政党资助金*，等等。

· 关于智库的工作内容，回答包括政策研究的信息*、政策建言*、定期召开的政策问题研讨会或简要说明会、政策问题的市民启蒙或政治教育、具体政策提案或法律提案的制定能力*、针对新闻记者的政策教育、让人在短时间内能够理解的重要政策相关信息、政策讨论质量的提升以及其他。

答案参差不齐，用"*"标出的是比较多见的答案。

就这样，我们以超党派的形式开办了一段时间的智库学习班。由于资金等方面的原因，要构建某一智库不太现实，于是大家便谈到由政党建立智库的话题，并得出结论，由参加智库研究会的议员们在各自党内摸索构建智库。

政党智库的动向

这一结果导致 2005 年以后有数个政党开始设立智库，详细情况我后面会做介绍。那么为什么现在要设立政党型智库呢？政策和法律制定本来是议员和立法机关的工作，尽管对政治主导必要性的呼吁由来已久，但日本是议会内阁制，法案几乎都由内阁提出（所谓阁法），议员立法极其有限，政策制定大多依赖行政部门。结果就出现了京都大学校长奥田东元批判的"只要会说日语就能当大臣"的现象。而行政部门因其自身属性，思考问题容易条块分割，因循守旧，重视连贯性，所以在有先例可循、方向性明确、进展顺利的时候，以政府为中心制定政策是有效的，也容易出成果。日本的经济高度增长就是一例。但是，在没有先例、需要重大创新突破的时候，行政组织的局限性就显而易见。

像特定非营利活动促进法这样的法律，只有通过议员才能够立法，因为它与公共事务归政府垄断处理的日本传统观念格格不入。然而，观察日本现在的立法和政治就会发现，由于以行政为中心的政策制定模式过于强势，能够有效发挥立法机构、议员、政党等作用，创造性地开展政治主导下的政策制定的基础设施并不完善。举一个失败的例子：1993 年成立的细川政权打破了五五年体制，且有志于政治主导，但因为没有足够的基础设施和人才，到头来反被官僚所控制。但是，日本的闭塞现状，与海外相互较量的过程中日本政策质量低下等问题，已经为人们所诟病，这说明政策制定的传统手法有它的局限性。相对于日本其他组织，政党的资金充沛，自由度高，存在能够创设和运营智库的可能性。

基于以上认知，主要以新生代议员为核心，自民党和民主党内开始各自尝试创设政策的基础设施——智库，构筑不依赖行政的政策制定体系。两党智库有必要相互竞争，砥砺切磋，打造出政策制定的更好环境，在政策方面，做到无论质还是量都不输给海外。

一直以来我的奋斗目标就是要在日本创设"民间非营利独立型智库"。也是基于这个想法，我才和很多同道一起成立了东京基金会。但是我也知道，因为智库的本来意义在日本并不被人们所理解，其结果就是，智库组织运营起来相当困难；就算智库在其主要活动即政策研究方面取得了成果，也很少有部门能够在工作中准确地运用并使其发挥作用；因为民间几乎不存在能够支撑公益思想与灵活性并重的民间非营利独立型智库活动的资金，所以短时期内日本民间非营利独立型智库的运营仍非常困难。因此，我认为设立并运营前述政党型智库，将其成果活用到政策制定的实践中去，具备很强的可操作性。

自民党与民主党两党都邀请我参与它们智库的创设活动，我最终决定还是接受自民党的邀请。这是因为我考虑到自民党作为执政党，与实际的政策制定有直接关系，将这一现实与即将创设的智库活动成果准确对接，有助于变革日本的政策制定。通过现在的智库活动，拿出尽可能多的成果，我将为此全力以赴。

就日本的现状看，我认为政党创设智库，开展政策研究，引发政策争论，也是政策制定朝多元化迈进的一大步。通过这一创设，我希望能够诱发其他类别智库的创设。我考虑应该创设两个政党智库，一个立法机构智库，两个以上行政机构设立的智库，三所大学智库，一个金融界智库，外加三个民间独立型智库，即总数达十个左右的真正智库，并让它们之间能够相互竞争。一旦形成这样的状况，我相信日本政策研究的质量和速度就一定不会输给海外。最近许多有才华的行政官员因对现状不满而辞职，许多优秀的年轻人有志为公却没有施展抱负的地方，智库或也将为这些人提供施展才华和实现抱负的场所。

从海外的事例可知，智库的规模并不算大。规模即便大的，每年预算也就 10 亿～30 亿日元。也就是说，如果每年日本能够给智库投放一二百亿日元的资金，就能够产生多个智库并存且相互竞争的状态，就会使日本社会的政策面貌为之改观，并在政策的国际比拼中胜出。日本一年仅公共基础设施建设费，就要花上近 8 兆日元，和这一巨大开销相比，创设智库的资金实在是微乎其微。不会只有我这样想吧？

2005 年政党智库登上历史舞台。同年是日本战后民主主义确立 60 周年，从某种意义上说，是回归起点的最好时机。在这个节点上，有必要总结过去的经验和智慧，重新思考以宪法为首的日本政治制度和民主主义，以使其重获新生。也就是说应该包括在不改变现行宪法的前提下讨论如何发扬其精神实质，重新设计日本的社会制度。正是从 2005 年开始，宪法讨论开始活跃。这与执政党占众议院议员总数超过三分之二，在野的民主党也开始讨论宪法等事件有关。

日本国宪法第九章第九十六条规定："本宪法的修订，须经各议院全体议员三分之二以上赞成，由国会动议，向国民提出，并得其承认。此种承认，须在特别国民投票或国会规定选举时进行的投票中，获半数以上赞成。"能够进行宪法修订的只能是日本人自己，无法再委托其他什么人。今后应该怎么做，全依仗日本人自己的判断和决断。

在这样的背景下，以 2005 年为契机，自民党与民主党创设了各自的智库。

自民党智库——智库2005·日本

2006 年 3 月，自民党参与设立的"智库 2005·日本"以有限责任中间法人的法人资格正式开始运作。所谓中间法人指的是根据 2002 年 4 月实施的中间法人法，以非公益且非营利为目的设立的团体法人。因为公益法人需要省厅的认定以及庞大的基金，特定非营利活动法人（所谓 NPO 法人）需要以不特定多数为对象，股份制公司则是营利的，非法人团体又有合约签订行为上的限制等，所以自民党选择了中间法人这样的形式。

2005 年，自民党迎来了建党 50 周年，也是其取得历史性重大胜利的一年。这一年还是日本战后民主主义确立 60 周年。自民党就是在这样的历史时刻，虚心总结过去的经验，认识到为重构今后的日本社会，需要创建新的决策体系，而成立该智库的（设立经过参见表 6 – 1）。基于这一认识，组织名称加上了数字"2005"。该智库作为连接"知"与"治"的"民主主义工具"而独立存在，但又和自民党保持密切关系，计划就未来日本的"国家形态""国民利益"等开展有针对性的政策研究和政策建言，为构建更好的日本社会做出贡献（关于组织参见图 6 – 1、表 6 – 2）。

表 6 – 1　"智库 2005·日本"的历史

时间	项目
2003 年 12 月	设置检讨与推进自民党改革委员会
2004 年 3 月	检讨与推进自民党改革委员会第三部会自民党智库创设提案

续表

时间	项目
6 月	检讨与推进自民党改革委员会发表关于自民党改革的中期建言报告"自民党应该朝更加开放和被信任的目标迈进"。该建言报告中明确写入"自民党智库创设项目"
11 月	自民党改革执行总部智库创设部会（第一次会议） 检讨与推进自民党改革委员会升格为自民党改革执行总部，自民党智库创设部会再出发
2005 年 4 月	设置智库筹备室
10 月 24 日	自民党委员会批准智库创设
10 月 26 日	召开智库创设筹备委员会（第一次）会议
11 月 17 日	召开智库创设筹备委员会（第二次）会议
11 月 21 日	举办建党 50 周年纪念研讨会"政策制定的应有状态和政党智库的作用"
2006 年 1 月	开始试验项目"小政府""3% 经济增长"
2 月 1 日	召开智库创设筹备委员会（第三次）会议（→智库委员会）
3 月 15 日	作为有限责任中间法人，"智库 2005·日本"成立
4 月 13 日 4 月 18 日	自民党改革执行总部独立制定政策部会举行中期报告会。 试验项目"3% 经济增长""小政府"
5 月 31 日	在自民党改革执行总部大会上，向中川政策调查会长提交试验项目报告书并做该项目的报告
6 月 5 日	事务所开业仪式
6 月 28 日	召开（第一届）理事会

2005 年之后，许多媒体开始登载政党智库的话题。例如《读卖新闻》在 2006 年 2 月 28 日的社论上，以"据此谈何'脱·霞关'"为标题，评论道："改革日本政治在政策制定上对中央省厅的过度依赖……与创设之初的这一抱负相反，政党智库显得过于势单力薄。"

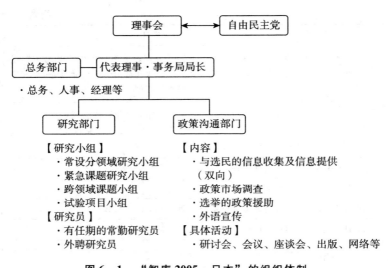

图 6 – 1　"智库 2005 · 日本"的组织体制

注：以上材料收取时间为 2007 年 1 月。

表 6 – 2　"智库 2005 · 日本"的概要

名称	智库 2005 · 日本
成立时间	2006 年 3 月 15 日
组织形态	有限责任中间法人
事务局	港区虎之门
理事会	代表理事：樫谷隆夫（注册会计师） 理　　事：川村亨夫（早稻田大学研究生院亚洲太平洋研究科教授） 　　　　　吉原钦一［（社团法人）亚洲论坛·日本专务理事］ 　　　　　铃木崇弘（"智库 2005 · 日本"事务局局长） 监　　事：桥爪雄彦（律师）
理念及 成立目的	*新型政治制度的构想 ·迎来 60 周年战后民主主义的重建 ·政策替代方案的制定与政策选择项的多元化·新政策信息源 *强化、提高制定政策的力度 ·加快政策制定的速度·提升政策的国际竞争力 通过这些举措，在帮助提高自民党制定政策能力的同时，发掘和培

续表

名称	智库 2005·日本
理念及 成立目的	养能够为自民党做贡献的人才，争取获得新的自民党支持者。此外， 考虑通过政策，构建与选民的"信赖"关系。
网址	http://www.tt2005.jp

　　注：以上材料收取时间为 2007 年 1 月。

　　正如许多媒体指出的那样，"智库 2005·日本"目前无论是预算规模还是职员人数都很有限。但是，本着"先成立后壮大"的想法，该智库开创了"日本政策研究会"的收益项目，该项目在许多自民党议员的配合下，为经济界、企业家等与日本政府阁僚和议员之间直接对话提供场合和机会。而且，该智库还承接了"日本经济实现 3% 增长的经济政策"委托研究项目，不仅制定了强有力的政策方案，而且对行政部门的意见形成了制约，为自民党的政策制定做出了很大贡献。

　　自去年以来，有关财政重建的讨论围绕着削减年度开支、通过经济增长增加税收、增税三个关键点展开。关于经济增长的争论很大，相关大臣、一般行政官员、自民党干部都卷了进来。以财务省为中心的行政部门一贯主张经济高增长是无法设定的目标。针对这一论调，以自民党政策调查会会长中川秀直（现任干事长）为中心的自民党灵活运用这一项目的研究成果进行了反驳，不仅将讨论引向了提高经济增长率这条路线上，而且还成功地抑制住高增税这条路线。即使到了安倍政权时期，经济高增长战略路线仍作为其一项重要政策发挥作用。

　　为什么能够做到这一点呢？这得益于该项目的实证分析，诺贝尔经济学奖得主劳伦斯·R. 克莱因教授带领的研究团队，运用适合日本当下经济实况的经济模型进行模拟演算，推导出日本经济高增长的可能性。当然行政部门也有它的经济分析模型，但这一模型未必就贴近日本的现状。尽管日本的政策信息向来由行政部门独自掌控，除此之外没有哪家机构能够提供准确的经济政策信息，但这一次是经济模型之间的对抗，因为该项目的成果无懈可击，行政以及政治一方都没有人提出反对意见。正因为有了这样的成果在手，政治也才能够驾驭行政。以前的政策制定几乎不曾发生这样的事情，此次我们的研究成果引领的做法正是日本政策制定史上的一次"革命"。

另外，不仅是政策研究，该智库还将活动重点放在了"政策宣传"（PC）上。PC 指的是通过政策宣传，使政治与选民、国民之间能够相互理解和相互信赖。立法机关或政党本来就比行政部门更加贴近选民、国民，是为选民、国民而设的组织。一方面它们有必要向选民、国民收集关于政策和政治的点子和意见，灵活运用于政策制定以解决问题，另一方面它们还有必要为增进选民对政策的理解和赞同做出积极的努力。基于此，该智库计划充分利用 IT 等技术，收集选民和党员的政策建议，就政策方案向选民和党员征询意见，做好政策沟通，开发出解读政策的简明读本和方法。同时还考虑通过其他各式各样的活动，打造新型的政治形态和政治体制。

为什么会想到进行这样的 PC 活动呢？这是因为在与议员交流的过程中，我感到智库与政党的距离很近，而政党与党员和选民的关系本来就密切，所以，智库有必要更积极地宣传政党所思考的政策，做好政党与选民、党员之间的政策沟通。实际上有一个可以参考的例子，美国的传统基金会就相当积极地开展政策推广活动，支持并参与向国民、市民推销共和党政策的政治活动。

2005 年 9 月 11 日总选举之际，有议员因反对邮政民营化而被自民党除名，自民党需要在其所在选区紧急公开招募候选人以填补出现的空缺，我和参议院议员世耕弘成及小林温应邀对应募人员的书面材料进行审查。公开招募的时间为当年 8 月 13 日至 16 日，尽管准备时间非常有限，但多达 868 位的应募人员当中，无一人是纯粹出于兴趣或只是来凑个热闹的。应募人员中有公务员、律师或医生等专业人士，也有大学教授、一流企业的员工、地方的现役或前任议员或官员等，都是非常优秀的人才。很遗憾的是必须由我打电话通知那些落选的人。知道没有被选上当然很遗憾，但很多人同时也表示"对小泉改革充满期待"，应募是为了表明自己的政策立场，有机会的话希望可以提供帮助。选举期间我也曾多次和普通民众一起倾听了小泉首相的街头演讲。那时候听到的是"希望改革继续推进"之类国民期待的声音，以及"邮政民营化原来是这样的改革啊"之类对政策表示理解的话语。

通过这些经历，我发现国民、选民并不是对政治和政策不感兴趣，而是没有机会或场合来表达自己的意愿。如果再认真地想一想还会发现，选举若干年才举行一次，在社会快速变化的今天，越来越有必要在选举以外增加表达民众意愿的场合和机会。而且我还觉察到，政治家或政党当然也不忘进行政策的说明和宣传，但其方法还有待进一步改善，应以国民更容易理解的方式进行［参见世耕弘成《专业广宣战略》（『プロフェッショナル広報戦略』）及《自民党改造工程 650 日》（『自民党改造プロジェクト 650 日』）］。"智库 2005・日本"所思考的 PC 活动，就是这些实际感受的产物，是对 PC 重要性的坚定认可。这些活动政府部门不可能做。这正是政党型智库的作用。具体活动如何开展将是今后的课题，希望能在经历挫折和失败后去实现这个目标。

对于政党的 PR 活动即 PPR（Political Party Public Relations）

的关系以及政党智库的作用，我分以下三个阶段来考虑（参见图 6 - 2）。

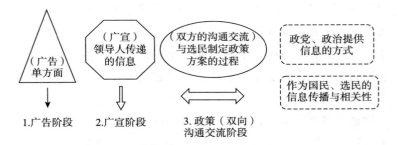

1.广告阶段 2.广宣阶段 3. 政策（双向）沟通交流阶段

图 6 - 2 政党与政治的 PR 活动的阶段

1. **广告阶段**

·传统政治时期

·广告是一种单向的沟通方式。

·只要商品（政策）物有所值，之后可以完全交给代理店等专业人士去做。

2. **广宣阶段**

·2005 年 9 月 11 日大选时期

·广宣最强大的武器就是领导人的演讲。传递的信息量比"广告阶段"要大。

·商品物有所值当然重要，但更为重要的是要根据随时变化的顾客需求和竞争态势调整发布的信息，并与领导人的发言保持一致。

在此次大选中自民党为此设立了 Communication（沟通）战略团队（通称"Commu 战"）（参见世耕弘成《专业广宣战略》及《自民党改造工程 650 日》）。

3. **政策（双向）沟通交流阶段**

·在"广宣阶段"之后，重视与选民、国民在政策制定上进行双向沟通交流的阶段。

　　·选民、国民参与政策制定。也就是说，"过程"变得重要。

　　·这个阶段，如果议会、政党从一开始就与选民、国民直接进行双向沟通交流，将会被局势左右或受制于社会环境。因此，可以利用智库这种中间场所，双方进行磋商，交换信息以及政策理念，加深讨论并达成共识。在此成果的基础上，向议会和政党提交政策方案。从这个意义上说，政党型智库起到类似防病疫苗或者是前哨站的作用。美国智库也在做同样的事情，借助它政策讨论得以提前进行，包括国民、选民在内的更多角色参与进来，讨论得以深入。这实际推动了民主主义的发展，是日本以往最欠缺的东西。

　　这种政策沟通可以参考英国布莱尔政权的做法。该政权为了推进新政策，确立了对话的新模式。为了听到外部声音，布莱尔在政权内部设立了"战略办公室"（Strategic Unit）。形形色色的专家和记者参与进来，起草并公开政策草案，向社会各界人士征询意见，从中获得政策建议。"战略办公室"将政府打造成多孔状的物体，建立了外部意见和建议直接进入政策制定过程的机制。所谓"多孔状"指的是物体上有许多小孔，外部的水分等容易渗透进来的状态。任职于布莱尔政府首相办公室达七年之久的杰夫·摩根（Geoff Mulgan，又译周若刚）就曾指出，在政策制定过程中，通过采取与形形色色的个人或团体频繁沟通的新模式，"布莱尔政权将政府变成了多孔物"［参见山口二郎《布莱尔时代的英国》（『ブレア時代のイギリス』）］。

　　"智库2005·日本"的活动还只是刚刚开始，但已经取得了部分成果，并运用到了实际政策制定过程中。现阶段能够取得这样的成果我感到很骄傲。今后，通过完善组织体制，该智库在政策制定方面，还将继续发挥更大的作用。

民主党智库 "公共政策论坛"

2005 年 11 月，民主党以有限责任中间法人的形式成立了 "公共政策论坛"（其组织参见表 6 - 3）。该论坛存在运营上的问题，其主要活动是每月在议员会馆定期举办数次研讨性质的午餐会（Brown Bag Lunch，BBL）。另外，它把社区治理（community solution）理念置于中心地位，做了若干个研究项目，并协助各地方制定地区发展规划等。

表 6 - 3　民主党智库 "公共政策论坛" 概要

名称	公共政策论坛
成立时间	2005 年 11 月 25 日
组织形态	有限责任中间法人
事务局	港区西新桥
理事会	代表理事：藤井裕久（前众议院议员） 理　　事：赤松广隆（众议院议员、民主党副代表） 　　　　　松本刚明（民主党政策调查会长） 　　　　　小泽锐仁（众议院议员、民主党干事长代理） 　　　　　松井孝治（参议院议员） 　　　　　小田正规（事务局局长） 　　　　　饭尾润（政策研究大学院大学教授） 　　　　　根本忠宜（中央大学商学系教授） 监　　事：山冈贤次（众议院议员、民主党财务委员长）
方针	＊工作内容 ·提炼政策理念或哲学，制定好的政策，建设优质的政策库 ·力图打造一个聚集包括大学、民间、官员个人在内第一线有识之士的智慧论坛（梁山泊） ＊追求的目标 ·为全面更新做好知识储备·起刺激作用的第二来源（second source） ·网络型·独立型 ·第一级别项目的策划和参与·第二级别项目的承包

名称	公共政策论坛
方针	·现场、地域中心型（community solution）模式·官僚主导中央集权模式 ·自由的政策建言·来自省厅和业界的带附加条件的调查 ＊运营方针 ·政策研究和建言活动按不同领域以项目方式实施 ·由大学等专业领域的研究人员、意见领袖、实务专家同作为该领域政策负责人的国会议员一起制定民主党的基本政策（组成网络型项目小组） ·由研究评议会确保项目的质量
网址	http：//www. platon-web. net/

政党型智库的可能性

此前我曾走访过全世界上百家智库，与许多智库相关人士有过探讨，对智库做过一定研究。我还有建立和运营政策研究组织的实际经验，因此对智库创立和运营的困难也有十二分了解。这些经验告诉我，智库组织走上正轨需要花费三到五年时间。事实上，现在成立的日本政党（型）智库，无论是自民党的还是民主党的，的确都很脆弱，要变成真正的智库尚面临许多课题。但是，我们不妨想想美国华盛顿的实力智库，哪一个不是经历了几十年的发展，才有了今天的成就呢？

从世界范围来看，两个以上的政党出资建立智库的案例凤毛麟角。欧美存在与政党政治价值观一致的政党型智库以及部分有实力的政治家或派阀的智库，但这些智库与政党出资的智库大异其趣。以中国为首的社会主义、共产主义国家是一党执政的国家，因为要制定国家五年规划这样的计划，这些政党大多拥有自己的智库，但这些智库无法发挥前述社会多元性意义上的智库作用。除此之外，韩国也有政党设立智库的案例（参见 The Hope Institute，*Think Tanks and the Search for Hope*）。

　　这样想来，日本政党型智库或将有助于构建民主主义新模式。不过，民主主义费时费力又费钱。以欧美为首的海外智库就是在这样的政治体制中培育和发展起来的。我认为此前见于日本诸多媒体报端的严厉批评，反映了他们对政党型智库有所期待，我也希望他们能从培育新模式的视角出发，推动并参与到这项工作中来。智库组织自身的努力自不待言，但如果没有社会大多数人的理解和支持，这样的新模式乃至日本政治新体制或民主主义便无法确立。

第七章
智库再考

　　前几章以我自身的种种经历为主线，论述了日本智库的创设历程及政策制定体系等方面的尝试。由此我再次感到不可单纯从单个组织的角度来讨论智库，而应该站在国际视野上，更宏观地论述日本社会应该如何运营，也就是说有必要从日本社会治理（Social Governance）应该如何进行、日本民主主义体制应该如何建构的角度来进行论述。

民主主义

　　这里我们先来看看思考社会问题可以参考的一些思想或模型。

　　如前所述，日本迄今为止都未必是一个真正意义上的民主主义国家。再准确一点可以说，虽然日本采用了民主主义政治体制框架，但民主主义政治体制的精神实质并未体现出来。英国前首相温斯顿·丘吉尔曾指出："谁都不能说民主是十全十美、全知全能的。事实上如果把人类迄今为止尝试过的政府形态全部排除在外的话，民主是最糟糕的。"也就是说民主主义费时费力费钱，运作非常困难，就像纳粹诞生于民主主义体制一样，特定时期还可能酿成不好的事态。但是，从中长期来看，它可以矫正短期问题，朝好的方向修正，朝更好的方向发展。我认为现存的种种体制中，民主主义还是会比其他的政治体制要好。

民主主义并不像社会主义或共产主义那样有着坚定的理想信念。与其说是"主义"，不如说它不过是做出社会的政治决定、运营管理社会的一种"政治体制"。而为了使这一体制运作顺利，必须具备这样的一个环境，包括国民、选民、市民在内的诸多角色，为了建设更加美好的社会，能够参加政策制定过程，提出种种意见和建议，各种主张能够相互竞争，不断调整，并尽可能地持续改善（evolving）。也就是说民主主义并不是自然生长的东西。

在这一点上，关西学院大学教授上野真城子曾指出："民主主义只是试验的过程。这一试验需要经历不依赖武器的严苛挑战与纠结。而且，它还要求通过不断变革朝更好的方向前进。如果一个人愿意自己的人生出现停滞和倒退，那是不需要民主主义的。"美国前卫生教育与福利部部长、对美国市民组织和民间非营利机构负有领导责任的约翰·加德纳（John Gardner）曾指出："为了确保社会制度和组织的生命力，其领导人需要接地气，需要不断接收草根发出的修正轨道的信号。即对民主主义而言，市民参与国家治理、独立监督政府工作是民主主义健全发展不可回避的内容"。

思考这样的民主主义时，国民或市民的问题便很重要。为了运行费时费力费钱的民主主义政治体制，国民或市民应该热爱自己所属的国家（对日本人来说就是日本社会），对如何建设这个社会要有自己的思考和愿景。姜尚中曾指出："有必要超越针对一个地方的恋故土、爱故乡情怀，将其升华至治理该地方社会的意志结合体、国家这一制度上去"［参见姜尚中《爱国的做法》（『愛国の作法』）］，并指出在思考近代国民国家时，是将国民视为"民族"（Ethnos）－"（感性的）"自然－"血缘"－"民族共同体"这样的感性之物，还是视为"村落共同体"（dēmos）－"（意志的）作为"－"契约"－"国民共同体"这样的意志结合体，国家的存在状态便会随之而不同。同时他还指出"近代以立宪主义为基础的所谓国家，理应不是依靠历史、传统、文化，而是依靠人们的意志结合而成的'国民'（作为 dēmos 的国民）国家（人为国家）。在这个意义上，国家就是在主动承担'公共社会'责任的国民不断有意作为下成立的"。

但是，现实中的国家却是前者与后者相互矛盾相互否定相互纠缠的存在。基于此种理解，我们有必要将前者与后者恰当地结合起来，既有效地利用和控制前者，又通过后者来管理社会。仅仅依靠哪一方，都无法实现对社会和国家的健康管理。这与一般意义上所说的热爱抽象的祖国或国家的所谓"爱国心"有所不同。是对自己居住的具体街区以及这片区域延伸出去的日本社会的爱。是对具体的亲人以及同乡的思念和爱，结果也就是对日本及日本同胞的爱。正因为有这样具体的情感，才会想要把自己的社会建设得更好，才会即使费时费力费钱也要参与社会和政治，才会对社会和国家表示出更多的关心。国家和社会不能没有这样的国民或市民。有了这样的国民或市民，民主主义才能运转起来。

我们日本人对日本社会、日本同胞究竟有没有这样的思念和爱呢？如果没有的话，要在日本运行民主主义就会非常困难。我认为国民、市民、选民，在这种爱国情感的基础上，还需要具备"市民素养"（citizen literacy），即对社会的各种理解、知识以及与社会相关的技能［参见铃木崇弘等编著《公民素养——为了让社会变得更美好我们能够做的事》（『シチズン・リテラシー…社会をよりよくするために私たちができること』）］。因为本章目的不是要讨论这一话题，所以这里就不再赘

述，但围绕作为构建民主主义社会环境的工具或武器之一的智库，我们有必要继续做一些思考。

社会治理

在思考以上所讲的民主主义时，我先要介绍几个我认为很重要的模型。

三权分立

日本的权力分为立法、行政、司法三种权力，但现实中这三种权力关系并不对等，它们无法做到相互监督相互制衡。图7－1显示的是从民主主义的观点看国民或市民与各种权力之间的关系。我们也可以从这张图上清楚地知道，在监督和制衡方面，国民或市民实际上应该发挥重要的作用。

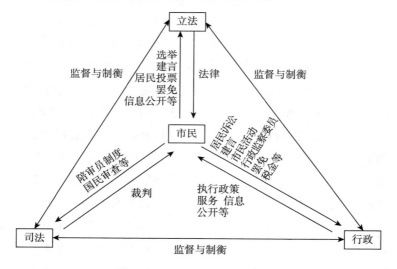

图 7－1　三权与市民之间的关系

资料来源：《公民素养》（『シチズン・リテラシー』），教育出版。

从构成要素看社会模型——从三组对立概念看社会的三大领域

有一种模型是从"政府""社会""市场"三大领域来思考整个社会的［参见神野直彦等《跨越危机走向共生社会》（『危機を超え共生社会へ』）、山口二郎《布莱尔时代的英国》（『ブレア時代のイギリス』）］。神野用以下三组对立概念来把握这三个领域的特征。

· 强制 – 自发

· 竞争原理 – 合作原理

· 有偿劳动 – 无偿劳动

在这里，"政府"依靠强制、合作原理和（有偿或无偿）劳动来运作。政府行为有强制力，常有着让人们采取某种行动的一面。并且作为代价，政府还要征税。政府活动的目的不是追求特定个人或企业的利益，而是追求比如维持秩序、灾后重建等公众利益，以协作为基调。换一种说法，就是大家一起出钱达成共同目的的活动。

而"社会"依靠自发性、合作原理和无偿劳动来运作。在没有代价或报酬的情况下，人们自发性地参与到再生产和维持人类生命或共同体的活动当中，如对家人的抚养，邻里间的互助，等等。

"市场"则依靠自发性、竞争原理和有偿劳动来运作。人们为追求利润自发地开展各种各样的活动。必然要求对价原理支配着对他者的服务。这里规范人与人之间关系的是自由竞争原则。图 7 – 2 显示了这三个领域之间的关系。但是，这一模型无法对下面的种种新潮流做出说明。

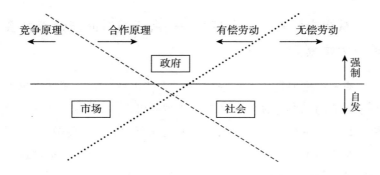

图 7 − 2　"政府""社会""市场"三大领域关系

注：本图是对神野直彦等《跨越危机走向共生社会》一书中图例的简化处理。

资料来源：山口二郎《布莱尔时代的英国》，岩波书店。

·NPO 等组织中有偿志愿者的存在

·社会企业家、社区经济（CB）的存在。所谓社会企业家，指的是遇到社会问题，不是坐等政府来解决，而是自己建立组织，筹集资金，把解决这一问题做成一项事业的人。所谓社区经济，指的是灵活利用社区资源，通过"商业"手段谋求解决社区问题的做法。

·社区自助，即在社区范围内独立解决社区问题

·政府对 NPO、志愿者的有效利用

·公与私边界不再明晰。两边从业人员身份模糊

例如，市场化测试（market test）指的是在由"官"（政府）长期独占的"公共服务"领域，让"官"（"政府"）与"民"（"社会"或"市场"）平等参加竞标，由质优价廉者来提供服务的制度。这种情况下，"政府"与"社会""市场"的区别就是模糊不清的。

·政府也开展盈利事业，确保税金以外的收益

·仅靠有偿或是无偿，无法区分"政府"与"社会"这一点体现在有偿志愿者、地区货币等的存在上。地区货币指的是支付志愿者服务的地区货币，这种货币连接的是难以换成金钱的感谢与信赖，连接的是奉献精神与行动。它促进了人与人之间的交流，起到凭借信赖关系塑造新社区的效果。

·企业从事的 NPO、NGO 资助活动，以及企业承担社会责任（CSR、Corporate Social Responsibility）的活动。

因此，在现实中，"政府""社会""市场"的相互关系出现了暧昧的、相互跨界的部分，继续用"强制－自发""竞争原理－合作原理""有偿劳动－无偿劳动"这三组对立概念来说明现实是不可能了。因此，对图 7－2 的模型修改一下，便可以得出图 7－3 这个模型。这幅图不再把这三组概念对立起来思考，它设计出了"中间领域"，三组概念在现实中相互渗透并相互利用和补充。

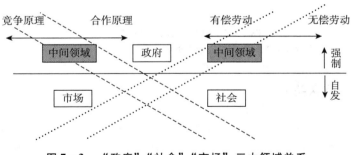

图 7－3　"政府""社会""市场"三大领域关系

以市民为中心的三大部门模型

下面这一模型中，社会由中央·地方政府构成的"公共（政府）部门"、企业构成的"营利（企业）部门"、NPO、NGO 和市民团体等构成的"（民间）非营利部门"这三个部分组成，而显示三部门与市民关系的是图 7 – 4。它有助于我们理解三大部门的相互关系及其在社会上的作用。

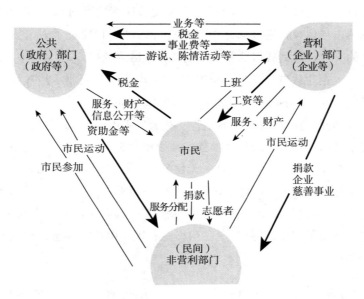

图 7 – 4　部门之间的关系与市民

资料来源：《公民素养》，教育出版。

公私关系

公和私与所属部门之间的关系，随时代的变化而变化。过去在日本，公共活动几乎都是由官员（政府）来实施的。但是，由于关系到财政重建等问题，现在这一认识发生了变化，正如公共部门民营化及市场测试等所显示的那样，人们开始认识到有些公共事务还是应该交给民来做比较好。而且看看环境问题等就知道，种种社会活动中"公"的意义正在加大。

"公与私"和"官与民"之间的关系，可以整理如下。

·官（公共）应该介入并控制其内容的公共活动（公益性活动）

·官与民（非营利）都可以做，但希望激发双方竞争效率的公益性活动

·民（非营利）做得更出色，或是应该由民（非营利）来承担的公益性活动

这样的划分是考虑官民关系时的重要视角，当然它不会是固定不变的。

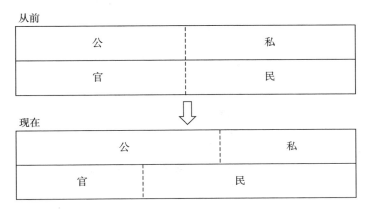

图7-5 公与私的关系（公私关系）

注：对以上"公""私"与"官""民"关系的变化，应作如下认识：
→社会治理再思考与再建构
→资源再分配［参与者（player）·行为主体（actor）·世代·性别·民族·日本人以及外国人等之间身份功能的再讨论等］。

不同的社会层面和主要行为主体

当市民从自己的立足之所或自己生活的周遭环境出发，看待国家以及国际社会等不同层面时，不同层面的行为主体参见图7-6。

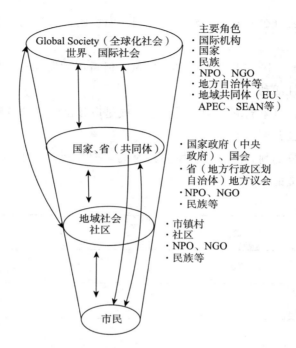

主要角色
· 国际机构
· 国家
· 民族
· NPO、NGO
· 地方自治体等
· 地域共同体（EU、
　APEC、SEAN等）

· 国家政府（中央
　政府）、国会
· 省（地方行政区划
　自治体）地方议会
· NPO、NGO
· 民族等

· 市镇村
· 社区
· NPO、NGO
· 民族等

Global Society（全球化社会）
世界、国际社会

国家、省（共同体）

地域社会
社区

市民

图 7 - 6　社会的不同层面及主要角色
资料来源：《公民素养》，教育出版。

政策（研究）市场模型

下面介绍智库所从事的政策研究相关模型（参见图 7 - 7）。从这一政策研究市场模型、智库产业模型我们可以知道，它不同于一般的市场或商业模型，多元的资金提供方与产品（主要是研究活动的成果）受众（读者·消费者）并不一致。因为资金来源渠道多元，才有可能以独立的方式设定政策课题，开展研究活动。在信息方面，提供者与使用者也有相互交替的情况。人才也不会总待在同一个地方和部门，而是在市场上流动和循环，出入于民与官之间的"旋转门"，发挥自身专长，参与政策

制定。通过这样的流动，政策人才才能建立起社会整体观念和
广阔视野。

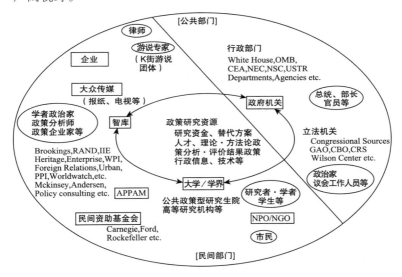

图 7-7　美国的政策研究市场

注：White House，OMB 为白宫、行政管理和预算办公室；CEA 为经
济顾问委员会；NEC 为国家经济委员会；NSC 为国家安全委员会；USTR
为美国贸易代表办公室；Departments，Agencies etc. 为政府部门、政府机
关等；Congressional Sources 为国会信息来源；GAO 为美国政府问责办公
室；CBO 为美国国会预算办公室；CRS 为美国国会研究服务部；Wilson
Center etc. 为威尔逊中心等；Brookings 为布鲁金斯学会；RAND 为兰德公
司；IIE 为国际经济研究所；Heritage 为传统基金会；Enterprise 为美国企
业公共政策研究所；WPI 为斯特理工学院；Foreign Relations 为对外关系
委员会；Urban 为城市研究所；PPI 为美国进步政策研究所；Worldwatch，
etc. 为世界观察研究所等；Mckinsey 为麦肯锡；Andersen 为安达信；Poli-
cy consulting etc. 为政策咨询等；APPAM 为美国公共政策与管理大会；
Carnegie 为卡内基；Ford 为福特；Rockefeller etc. 为洛克菲勒等。

资料来源：由黑泽善行制作而成。

218　　　像这样，政策（研究）市场以资金、信息、人才为媒介而
形成。表 7-1 所显示的产业与市场的构成要素（A）有社会性

特征·背景·条件（B）作为支撑。二者（A 和 B）之间互为因果，并不存在鸡生蛋还是蛋生鸡这样的问题。二者相互依存，才有民主主义的产业的诞生。但当今日本并不存在这样一个开放的市场。

表 7-1　欧美型智库产业与市场的特征

		构成要素（A）	社会性特征·背景·条件（B）
产业的性格	生产活动	政策研究 政策建言 代替方案、评价、提供事例	政策研究的质和量 政策科学的发展 政策质量的提升
	素材投入	数据/信息	信息公开的原则 获取信息的难易度
	成果	图书出版 听证会、证言 会议、研讨会公开发表	信息提供、公开 议题材料的展示
	资金来源	财政资金 民间资金 （基金、财团、企业、个人捐款）	研究委托、契约、竞标 慈善事业（税收优惠措施）
	劳动力/职员	研究者 民间非营利"经营者" 理事	流动性大/旋转门 社会习惯、非终身雇佣 多彩职业生涯的可能性
市场的性格	受众/消费者	政策制定者/政治家/行政官员 大众传媒 一般民众	社会环境
	市场基础	需要建言、替代方案 需要宣传政策课题 需要理解的质量、解释、翻译	政策志向型社会、民主主义志向、有限政府、三权分立 政策制定的透明性 竞争、速度、灵活性

资料来源：《世界的智库——连接"知识"与"治理"的机构》，SAIMARU 出版会。

思考日本的未来

以战后官僚机构为中心的政策制定模式高效地发挥了作用，日本实现高速发展，迎来了高速经济增长期。但其后的泡沫经济崩溃以及社会老龄化，使得官僚主导下的政策形成和社会运营暴露出它的问题和局限。围绕政治或政策制定的社会环境正在发生变化，或者说变化已是历史的必然要求。

为了应对这一变化，有必要重新思考如何来管理社会的所谓"社会治理"问题，重新构建新的治理模式。这时，就有必要重新探讨资源的再分配，也即重新探讨参与者、行为主体、世代、性别、民族、日本人以及外国人等身份的作用及其责任和意义。

政治、政策制定的课题

有了以上一些认识，下面我们来思考一下政治及政策制定方面的课题。

1. 国家社会主义国家

日本是官僚中心的"国家社会主义国家"。但是，在社会走向老龄化、各种价值观涌现的过程中，也产生了开创"民主主义"事业的必要性，以使政策相关的各方主体参与进来，在竞争中一起来制定政策。

象征日本是"国家社会主义国家"的现象之一就是，政治家或民间人士即使进入了内阁或行政部门，其周围也未必都是与他们有共同想法的官员。也就是说，日本并没有从制度上保证政策制定援助团队的存在，管理国家的仍是行政部门，离开它国家就不能充分运转。这也意味着日本不具备制定政策的基础设施。

2. 作为工具的智库

智库是开创民主主义事业的一个工具，属于知识基础设施。思考"智库"就等于在思考"日本的政治、社会""民主主义"。然而，现实中并不存在为了运作民主主义的包含智库在内的"基础设施"。

3. 行政党

极端地说，日本的执政党就是行政机关，即"行政党"。而无论是自民党还是民主党都是某种意义上的"在野党"。自民党和民主党在"政权更迭"的名义下要进行选举战、消耗战，这一状况对"行政党"来说是有利的。且因为除官僚以外无人能操作政策实务，即便政权实现了更迭，现实中也不得不依靠官僚。

4. 社会中的异见分子

日本有必要成为与异见分子共存的社会。容异见分子存于社会，可以起到监督和平衡的作用。一旦当前的治理陷入了危机，这些异见分子就会奋起发挥先锋作用，率领大家攻坚克难。这将有效地防止社会的停滞与腐败。

因为抗菌物的流行，日本社会日益无菌化，民众的免疫力急剧下降。几年前在巴厘岛上只有日本游客罹患霍乱的事件发生，被认为就是无菌化导致的。本来就是"细菌也在保护着我们的身体。我们不应该排除所有的异物，而应该与异物共存" [参见藤田纮一郎《霍乱来到了市区》（『コレラが街にやってくる』）]。可以这样认为，当今的日本在社会层面上也发生着同样的事情，无论从病理学上还是从肌体上说。村上龙的小说《离开半岛（上下卷）》（『半島を出よ』）讲的是一群无家可归者拯救日本脱离危机的故事，表达了对日本社会相同的理解。

5. 缺乏政策性及长期性的眼光

政局是媒体关注的焦点，政策方面的报道不好写是事实。从多元政策视角思考政治的平台并不存在。这一状况出现在政治、行政、媒体等所有领域。政局、实时情报固然重要，但社会变化速度已然加快，完整地储备信息，以更长远的目光把握大局的意识就变得越来越重要。而这与知识性组织的管理、人才培养、信息存储问题都联系在一起。

6. 全球化伴随的相对化

即便是国内问题，随着全球化的发展，如今也不得不思考政策课题在国际社会的比较意义。

7. 日本的三权分立

日本存在着形式上的三权分立，行政一头独大，权力远大于其他权力，三权分立并没有发挥实质性作用。如果将行政权视为 1 权的话，立法或司法则仅为 0.1 权，整体上只起到了 1.2 权分立的作用。

8. 无法或很难应对变化的社会

因为日本社会建设得过于精巧细密，所以为应对社会变化稍作一个改革，就意味着需要改变关联的其他很多东西，牵一发而动全身，社会变革就非常困难。

9. 不具备快速反应的日常储备

为了做出大胆而快速的政策应对或决断，需要日常的细致分析与准备，但这一切在当今日本却做得并不充分。且不存在灵活应对和决策所需的政策信息储备。

10. 不存在通晓信息的市民

民主主义要起作用，就需要市民和国民能够充分了解政策选项，但是在日本，很难说他们被提供了足够多的信息。也因为如此，人们对令外界难以理解的不透明政治结构和政策制定过程的批判不断高涨。外界难以理解，仅此一点就容易让人对这一结构和过程的正当性心存疑虑。

11. 对知识产权的认识

创意不要钱的意识很强，付费使用知识产品的意识很薄弱。知性管理社会的环境还没有形成。

12. 政治上的变化

政治领域年青一代正在崛起，新老交替的竞争已经开始。政党的意义又因小选举区制的实施而有变化，2005 年 9 月的大选明显说明政党总部的作用变得越来越重要。

顺带一提，英国布莱尔政权也发生了政党中央集权化的现象，党的总部一手操控了人事、政策和媒体战略。这里变成"专家"说了算。也就是说，党的总部拥有巨大权力，形成了舆论调查、宣传、市场等方面的专家把控党的政策制定及选举活动的局面。

因此，起草党的政策及选举战略时，起重要作用的不是优秀的理论家和思想领袖，而是精通舆论调查、广告宣传、著作权等的专家顾问，他们控制了政党。只起象征作用的政治家则按照这些专家设计的"魅力领导人"形象进行表演并发挥影响力。在这里，舆情观察家及媒体专家会充分利用领导人形象，确立政治战术。面对媒体，他们是一群能够将事实朝有利于自己的方向运作和宣传的报道专家，如同在政界抛旋转球的高手。他们还是媒体政治的导演和设计师。这些头衔并非带着褒义。

围绕政策制定的现状

1. 统治能力低下及国家的变化

一个国家权力或当政者的影响力，以及他们制定的政策等的约束力和意义正在丧失。换一种说法也就是国界的意义正在下降。这都是因为诞生了跨越权力或国界的企业及个人等的活动。在日本，无论中央还是地方，官僚机构的影响力正在下降。这无疑意味着光靠行政就能解决的课题正在减少。

2. 政策课题的变化

用以往的政策制定模式无法处理的政策和政治问题正在产生。例如，国际问题已经与国内问题直接相关，用过去"内政－外交"二元论的方法将政策分开考虑变得毫无意义。冷战格局崩溃后，政策的中心从军事转移到了经济和软实力上。纷争的原因也从国与国的争端转移到民族、宗教、文化上来，特别是 2001 年 9 月 11 日以来美国发生多起恐袭事件，新式纷争成了国际乱象的主要原因。

3. 多元性政策制定的必要性

要想制定出正确有效的政策，仅仅依靠行政是不够的。通过正规途径之外的手段变得重要起来。这一点我们通过《全面禁止杀伤性地雷公约》的签订［参见目加田说子《没有地雷的世界——化梦想为现实的人们》（『地雷なき地球へ——夢を現実にした人びと』）、《超越国境的市民网络》（『国境を越える市民ネットワーク』）］，以及用民间商业手法解决社区问题的社区商业等例子就可以明白。

4. 新媒体的诞生

IT 等新技术革新诞生了以网站、博客为代表的自媒体，如今变得谁都可以廉价发布信息或进行双向交流。结果报纸、电视等传统媒体也都发生了变化。

5. 专业的重要性提升

如今思考各项政策时，如果没有相关领域的专业知识，就已不可能制定出符合社会需求的政策替代方案。从国际化的观点思考政策变得尤为重要，海外的政策制定相关人才具备专业性。为了在与他们制定的政策竞争中胜出，日本政策制定相关人才的专业素质就变得至关重要。

日本迄今为止也很强调通才，但它所说的通才以终身雇佣为前提，仅为一个组织内通用的人才。如果从放眼全社会制定各种政策和方案的人才观点来看，那是不够格的。这也与日本全社会都变成了电视综艺节目那样内容肤浅的东西有关。今后的人才，特别是社会的领导人才，不仅要有自己的专业，而且还要有全局观，不仅要见多识广，而且还要对社会整体的运作和趋势有深刻的理解。这就是担任过外务大臣的已故大来佐武郎所说的"T 字形人才"，或是"π 字形人才"。换句话说，就是不仅拥有自己的专业，而且在人员社会流动中，能够从不同经验出发，以全局观来组织运营社会的社会生产者（social producer）。

关于专业性，最后还有一点需要补充。在民主主义社会中，必须尊重民意和政治性诉求。但是，这些声音在社会的各种环境和情景中，也可能走向极端或陷于短视及片面理解。政策有必要既尊重这些声音，同时也站在更为客观的立场，以中长期的视野，运用专业知识，对复杂问题做出更加综合的判断。在社会变化加快、社会越发复杂的今天尤其应该如此。从这个意义上说，如何在专业性与政治性诉求之间取得很好的折中，变得越来越重要。

6. 综合性观点的政策重要性提升

这一点与前面的专业重要性提升乍看是矛盾的，这其实说的是在专业性基础上，政策之间的关联性也日趋重要。比如看环境政策。它与经济问题、国际问题等其他政策交织在一起，如果不能超越狭小领域，没有更综合的观点，就无法制定这一政策。与此同时，置身全国或国际社会，从全局来看某一政策问题所拥有的意义变得重要起来。也就是说，从全局观点综合考虑一项政策已经变得重要起来。

7. 政策制定·决策效率的重要性加大

IT 等的影响使得社会加速变化，因此有必要在短时间内把握并应对社会变化。不如此就无法回应选民的支持以及社会的需求。虽然日本政策制定及决策的效率已有所变化，但与海外相比还显得相当迟缓，说得严重一点，现状可以说是没有什么变化。

8. 美国的一极支配与国际社会的混乱

社会主义国家的力量正在减弱，在东西冷战格局崩溃之后，仅有美国成为军事上的超级大国。在这个意义上基于相互牵制的国际秩序方面的制衡力量没有了，便发生了伊拉克战争等问题。再加上中国经济力量增强，今后如何发展还未可知，国际性恐袭事件频繁发生，中东问题依然存在，国际社会还将呈现混乱和不安定的局面。

9. 联合国影响力下降

因为国家作用降低，美国一极独大，恐袭活动激化，欧盟等区域共同体新框架的诞生，本来以国家框架为前提运作的联合国，作用正在减弱。虽然最近影响力有所回升，但总体上不可否认其存在感正在降低。

10. 总统式首相

美国因为是总统制下的三权分立，监督与制衡的作用发挥得更为突出，总统比首相要接受更多制度性的约束。其结果，看一看英国前首相布莱尔和日本前首相小泉就会知道，有稳固政党基础支撑的首相有时更能够发挥强有力的领导作用。

11. 支持新概念的制度（特别是资金）

为了解决前面谈到的民主主义特性和困难等诸多课题，就需要"制度、系统、基础设施"。资金必须流向需要的领域，资源必须进行再分配。日本缺乏此类制度。象征之一就是日本没有建成真正意义上的智库。关于这一点下章将会详述。

第八章
开创日本"民主主义"事业
——从智库的观点来看

近 20 年来，我一直在探索日本的政策研究及智库问题。通过这些活动，我意识到日本实际上并没有真正意义上的民主主义，而且也缺乏实现民主主义的制度及基础设施。随着时间的推移，我还认识到过去曾有效发挥作用的日本体制已不再发挥作用，也不再适应时代的变化。关于这些问题及课题，前面已做过论述，未来日本的新体制必须克服这些问题及课题，灵活地应对未来的社会变化。

长达二十余年的奋斗历程取得了一些成绩，但总的来说谈不上成功，甚至可以说是失败的。但是我坚信这条路是日本社会应该前进的正确道路。我现在仍在继续尝试"在日本开创民主主义事业"，而为了实现这一目标，就要在日本构建和运作真正意义上的智库，从而改变日本的政策制定过程。

作为本书的终章，我将阐述日本构建智库存在的问题，提示今后日本社会应该前进的方向，顺带谈谈接下来我将如何开展活动。以此作为我对现阶段日本社会的寄语。

为什么在日本无法建立智库?

通过前面的论述可知，日本无法建成真正意义上的智库是因为日本在各领域缺乏相应的知识基础设施。首先来看看这一点。

知识基础设施的缺乏

①官方（行政部门）的欠缺。日本官方（行政部门）忙于处理日常性业务，工作以关系的疏通与协调为主，而非政策活动。因此，为制定政策替代方案而进行的调查研究活动不太受重视，这是事实。灵活运用政策研究成果，有效支撑政策制定的体制也不健全。地方自治体尽管成立了很多从事政策研究的组织，但大部分依靠的是兼职人员，很难说充分发挥了作用。今后，地方分权的倾向还将进一步加强，这些组织的必要性也会进一步提高。

②政界（立法机关）的欠缺。众参两院有国会职员，国会图书馆有调查员，国会议员设有包括政策担当秘书在内的三位公设秘书，但从政策活动的需求来看，人数可以说还很不够。政党也有专属职员，自民党及民主党就创设了各自的政党型智库。议员内阁制下也在进行政治主导的尝试，以达到政治控制行政的目的。整体看上去有了政治主导的倾向。但是，尽管很难做单纯对比，行政组织与立法机关参与政策活动的员工人数之比据说大概是 220：6。从这对数字可以看出，如果说行政组织在政策方面的知识基础设施是不足的，那么政界（立法机关）欠缺的情况就更明显了。

③司法的欠缺。三权分立下司法的立法功能非常重要。但

是日本司法回避政治判断及主动立法的倾向非常严重。其结果导致司法没有发挥作为政策知识基础设施的作用。

④民间的欠缺。民间不存在能够审视政策、反映民意的知识基础设施。其表现就是不存在民间非营利独立型智库。民主主义的要义就是，无论政策立法者与执行者如何优秀，外部尤其是来自民间的监督和来自民间制定的政策替代方案都非常重要。智库先驱布鲁金斯学会在其设立宗旨上就表达了这一观点。

⑤大学政策性"知识基础设施的欠缺"。日本大学的主流是基础研究，作为应用研究的政策指向性研究通常不受好评。尽管很多大学设立了政策相关的研究生院或系，但这一体制未能对从事实际政策制定有用的研究及政策人才培养有所贡献，其基础设施也是欠缺的。

⑥新闻媒体的欠缺。前面谈过，日本的新闻媒体在思考政治时并不重视政策，而是以政局为关注焦点。因此，媒体在政策的知识基础设施建设上也没有充分发挥作用。

⑦网络的不存在。官方（行政组织）、政界（立法机构）、司法、民间、大学、媒体之间的网络如果能够有效地发挥作用，那么各领域欠缺的部分也是有可能互补的，然而网络的作用并不充分。这里所说的网络不仅指信息的流通，还包括交流的平台、人员的流动等。这一网络不存在的问题与①～⑥所记录的欠缺问题也是联动的。

法律制度上的问题

基于上面的分析，这一节就日本智库尤其是民间非营利独立型智库无法产生的原因和问题，以及为改善现状所必须配备的法律做一个说明。

①关于组织。设立智库时，如果考虑其法人资格，就会与

公益法人、非营利特定公益法人（所谓 NPO）等组织、团体的问题相关联。

·公益法人认定制度的问题与变革

在日本设立基金会法人等公益法人，必须遵照民法第三十四条的规定，不仅需要一定数额的基金，而且认定手续复杂而严苛，另外还有运营标准、来自主管省厅的行政指导等种种约束。公益法人正面临改革，今后如何推进改革将对非营利活动、公益活动产生很大影响。

·从事公共活动的法人资格申请的简化

自《特定非营利活动促进法》出台后，便可依据这部法律成立法人。申请从事公共活动的法人资格要比申请公益法人更为容易。截至 2006 年 6 月 30 日，全国累计有接近 3 万家的 NPO 法人接受了认证。在获取法人资格方面，现状有了部分改善。但是，目前 NPO 法人因为资金的关系，活动受到限制，公共资金资助的老年人看护等是其主营业务，大都以廉价劳动力为基础，发挥着类似行政部门外包单位的作用。这就导致现实当中，从民间视角进行政策研究和政策建言，旨在为非营利部门出谋划策的组织运营相当困难。

·组织运营辅助制度的缺乏

日本缺乏让非营利公共活动便利运营的辅助制度。而在美国，会对非营利公益性组织开展活动时产生的通信（邮资、电话等公共通信手段、互联网）等费用打折。

·知识组织的问题

国立大学也在实行大学法人化，对收益活动、加强与地方的关系表示了更多关心。作为其中一环，也有大学提出要开展政策研究等活动。国立大学的这些举措影响到了私立大学。但是，因为大学至今不曾在政策研究等应用研究上下功夫，所以并不擅长开展政策研究活动并将其成果运用于社会。为了使智库性活动真正开展起来，还需要在人才、技术的储备方面多花时间。

不仅是大学，官厅、研究所以及包括政党等在内的日本知识部门，抑或知识产业、知识组织，过去都不具备应对社会新需求的体制。为此有必要开发出能够应对这一需求的柔性组织管理模式及研究协调管理模式等。

②资金。日本缺乏设立或运营从事政策研究的组织及开展政策研究活动的资金。

·资助基金会的规模和数量

从行政以外的渠道很难获得政策研究的相关资金，这是日本的现状。通过行政部门这唯一途径获得资金，就意味着容易受资金提供方的束缚。在美国，有很多大规模的资助型基金会，所以即便从行政部门得不到研究资金，也可能从基金会获得资金。其结果就是资金获得方的自主权和独立性比较容易得到保证（参见表8-1）。

表8-1　日美主要民间资助型基金会比较

美国的主要基金会	资产额 （亿美元）	日本的主要基金会	资产额 （亿日元）
盖茨基金会	291.53	笹川和平基金会	820.92
福特基金会	115.70	稻盛基金会	678.95
罗伯特·W.约翰逊基金会	93.59	和平中岛基金会	525.82
莉莉基金会	83.60	河川环境管理基金会	355.10
凯尔罗格基金会	72.98	丰田基金会	298.56
帕科特基金会	58.75	石桥基金会	178.00

美国的主要基金会	资产额 （亿美元）	日本的主要基金会	资产额 （亿日元）
梅隆基金会	55.86	车辆竞技公益资金纪念基金会	171.49
麦克阿瑟基金会	54.90	放送文化基金会	132.14
皮尤慈善信托基金会	46.51	长尾自然环境基金会	22.85
洛克菲勒基金会	37.18	中山隼雄科学技术文化基金会	13.91
（参考）布鲁金斯学会	2.80	东京基金会	447.44

注：①美国的基金会为 2005 年度数据。日本的基金会为 2005 年度数据，车辆竞技公益资金纪念基金会及中山隼雄科学技术文化基金会为 2004 年度数据。

这里的美国基金会都不是企业基金会，而是私人基金会。

②2006 年世界第二大富豪沃伦·巴菲特决定向盖茨基金会捐赠 4 兆 3000 亿日元，上面的对比中不包含这一捐赠。

③布鲁金斯学会为智库。东京基金会为事业基金会。

④日本基金会在 2005 年度计划开展支出超过 260 亿日元的补助金和资助金业务，是日本最大的资助型基金会。但是，因为其为特殊法人，所以不在此列。

另外，日本规模大的资助型基金会数量较少。而且所谓规模大，相较于美国等，也还是极小的。由此可见，日本的政策研究机构在独立设置课题、独立开展研究活动方面还会受到资金上的制约。

·政府资助金

来自行政部门的资金中，不靠委托而通过申请获得的资金，规模较大的有文部科学省统管的"科学研究费补助金"（科研经费），主要面对大学研究人员。政府主持的研究推进项目［平成十八年（2006 年）预算总额约为 3 兆 6000 亿日元］种类多样。其中科研费是竞争性的研究资金，目的是大力促进研究者立足于自由创意，开展各类学术研究。通过同行专家书面评审，对有独创性、先进性的研究提供资助。因为科研经费跨了各个领域，从人文社会科学到自然科学，从基础研究到应用研究，所有独创性、先进性的"学术研究"都可以成为资助对象，所以虽然具体数字我并不清楚，但落到属于应用研究的政策研究的经费非常有限。想要了解文部科学省的"科学研究费补助金"，可以登录以下网址：

http：//www. mext. go. jp/a＿menu/shinkou/hojyo/main5＿a5. htm # kaken；http：//www. jsps. go. jp/j-grantsinaid/

·税制

日本社会对慈善事业并不熟悉，积极捐款的风气尚未形成。公益法人（基金会、社团）等虽然有税收方面的优惠，但是除"特定公益增进法人"之外，基本上没有捐赠税前扣除。所谓"特定公益增进法人"指的是"公共法人法""公益法人法"等特别法律所规范的，作为为振兴教育和科学、提高文化水平、改善社会福利，以及"其他为公益事业做出杰出贡献的法人"，而适用于所得税法施行令第二百一十七条和法人税法施行令第七十七条规定的法人。对"特定公益增进法人"所做的捐赠，在支出时可以享受税法上的优惠。

但是要想获得这一优惠相当困难，而且为了持续具备这一优惠资格，需要处理很多事务。这给组织造成了负担，可以说不是一个便利的制度。据（财团法人）日本国际交流中心的理事长山本正说："我们这个组织，作为国际领域中接受捐赠免税措施的第一个单位，在1988年获得了认定，但这必须每两年做一次更新，今年又有两位员工为此花了五个月以上的时间来处理这些事情。"（参见下河边淳主编《政策制定工作的启动——市民社会中的智库》，第159页）。

2001年10月1日以后，对满足一定条件并获得国税厅厅长认定的NPO（认定NPO法人）所支付的捐款，也可以成为税制上特别处理的对象。据内阁府国民生活局的统计，截至 2006 年 7 月 1 日，有效期限内的认定 NPO 法人有 46 家。鉴于 NPO 法人有近 3 万之多，可知这个数字是极其有限的。这都是因为接受认定所需的条件非常苛刻。另外，还有已经成为认定 NPO 法人的法人，因为不堪忍受需要处理的繁杂事务，而主动奉还了这一认定资格。

就像这样，要想享受或是持续享受税法上的优惠，会有很多限制和束缚。因此，在日本，像智库这样的组织，很难获得来自民间的自由资金，并以民间非营利独立的方式进行政策研究，这就是现状。

③人（人才）。从智库的人才方面来看，日本缺乏能够从事政策研究的人才。尽管出现了一些变化，但终身雇佣仍占主流。多数人长期待在同一个组织，并且不同的组织与部门都拥有各自不同的文化，这一现象被称为章鱼罐文化，在一处积累了经验的人才，尽管都拥有自己所在组织的生存诀窍，却不具备普遍性，因为在其他组织里无法通用。也就是说，在日本，因职业变化而流动的人员少，所以智库活动所需的拥有各种经验和见识的人才就少。

现行的公务员制度基本上是终身雇佣的，政治任命公职人员制度并不发达。因为几乎不存在所谓的旋转门，所以政府之外的政策人才便难以成长，这是现状。而且行政机构中想成为通才（generalist）的人多，想成为专才（specialist）的人少，从政策的专业性来看，与海外相比，日本行政官员的水平只能算是半个行家。迄今的国家行政机关是由两类公务员组成并发挥作用的。一类是在不同部门历练过程中不断得到提拔，被培养成通才的精英干部（career），也是日本中央官厅中通过国家公务员录用"一种"考试（高级职员的录用考试。——译者注）

的合格者；另一类是因拥有专业性知识而持续做同一业务，被称为非精英干部（non-career），也是日本中央官厅中未经过国家公务员录用"一种"考试的公务员。

如果未经由具备专业性同时还拥有全局观的人才参与，便不可能制定出能在国际竞争中胜出的政策替代方案。国际社会正在形成此种气候，但日本的行政官员可以说并不十分满足政策人才的要件，这是现实。

这里还要补充一点。政策智库的创设多被媒体理解为是"反霞关""反行政"的。但这是错误的想法。行政组织的现有人才一旦感到自己无法在这个组织施展才华，那么智库将会成为他们发挥经验和才识的地方。在政策制定上，智库确实会成为行政组织的竞争对手，但对这一组织的人才来说，施展自己才华的地方却增多了。从整个日本社会来看，这是人尽其才的好事情。

日本还缺乏政策人才的培养机构。迄今公务员的培养大多是由大学法学部等来承担，那里教的全是对法律的解释，学习制定政策和法案的机会很少。近年来有很多大学或研究生院成立了公共政策系，但是很难说学生就能学到包括实务在内的政策制定及政策研究方面的内容，所以并未对政策人才的培养做出多大贡献，这是现实［参见三神万里子《公共政策研究生院发挥作用了吗》（『公共政策大学院は機能するか』），朝日新闻社《论坛》2005 年第 5 期］。让政策人才活跃的制度也不健全。例如，关于公共活动的停薪留职制度、专业人才的雇佣制度等尚未配套，禁止兼任或兼职等的限制依然存在。

虽然大学的雇佣情况和从前有了很大变化，固定期限合同教员的情况有所增多，但仍以终身雇佣为主。因为无法在政策现场与学术之间来去自由，在这种结构下，政策人才难以成长。

不过，日本过去也有过大学教员活跃在行政政策制定现场的事例［参见立花隆《天皇与东大——大日本帝国的生与死（上下卷）》（『天皇と東大…大日本帝国の生と死　上・下巻』）］。

学界以基础研究为中心，政策研究不是主流。政策相关的学会成立了若干个，但说得极端一点，政策研究仍属于学界的"孤儿"。因此，能够进行政策研究的人才还远远不够，这是现状。如前所述，日本几乎不存在以智库为首的能够进行政策研究的地方，因此政策研究的职业人才也就无法成长。

与政策研究场所缺失联动的是，在日本，运营这类组织的人才，即能够理解政策研究并确定组织的整体经营和方向进而筹集资金的智库经营者，以及能够制订计划、获得研究人才和资金、协助研究并推广研究成果的（政策）研究协调员和项目官的数量，与欧美比起来非常有限。

日本还有一个严重问题。那就是对非专家网络式的、固定上班的研究员的重要性及必要性认识不够。以政府的审议会、委员会为首，日本专家网络型的政策相关活动数不胜数。但是从我的经验来看，这些会议或活动多由事务局主办，参加人员也多是从自己专业领域就已知的东西发表意见，把已有的东西加工成论文发表，并不分享新的见解。也就是说，这样的网络型做法很难产出原创性的新研究成果。另外，政策研究的题目讲究时效，不同时间的重要课题都有变化。从这个意义上说，研究员终身雇佣其实不好。而聘期制这种相对稳定的雇佣方式，可以让研究员全身心地投入研究，产出原创性的成果，在时效性强的政策研究活动中拿出成果来，这样的环境非常重要。

④信息（尤其是政策信息）。智库从事政策研究，获得与政策相关的信息很重要。所谓《信息公开法》（关于行政拥有信息公开的法律）自2001年4月实施以来，行政信息的获取变得

比过去更容易，但是促进政策研究发展、壮大、提质的信息公开法的制定及容易链接的环境却仍未配套，这就是日本的现状。

随着《关于行政信息电子化提供的基本设想（方针）》的出台，电子政府的综合窗口即行政信息门户网站等开通一事值得肯定。但是为了增进链接，还需要制定改善环境的法律以促进其运用。据说，信息整理、电子化录入所需的人工费用等，很难在国家预算中被认可。这一点也需要改善。

日本智库自主研究少而委托研究多。委托研究的成果又极少公开。据综合研究开发机构的《智库动向 2006》记载，日本智库 2004 年度发行的研究报告有 1.143 万份（参见表 8 - 2），其中"公开"的只有 15.3%。从这一数据可以看出，日本智库的成果并没有作为社会性信息被广泛利用。

表 8 - 2　1996 年至 2004 年的主要研究报告份数及公开率

年度 项目	1996 年度 （TN1997）	2001 年度 （TD2003）	2002 年度 （TD2004）	2003 年度 （TD2005）	2004 年度 （TD2006）
研究报告份数	10799	11705	10858	10653	11430
其中的公开率	17.2%	14.3%	7.5%	15.4%	15.3%

资料来源：根据 NIRA《智库年报》（TN）（『シンクタンク年報（TN）』）、《智库动向》（TD）（『シンクタンクの動向（TD）』）等制成，http://www. ni-ra. go. jp/icj/tt-idxj/index. html。

⑤其他

·政策评价与政策实验

在日本，"政策评价"一词已经得到广泛普及，相关科室在行政部门也已经成立。然而，官僚并不希望政策被人评头论足。其结果导致政策分析、政策评价，尤其是第三方评价并没有被推广，也没有在政策制定中有效利用。日本官僚机构有零差错神话，即行政不犯错的神话。但现实中政策不可能没有失败和错误。因此，从这个意义上讲，就应该容忍政策上失败和错误的发生，一旦发生，吸取经验教训下次予以改正即可。顺带一提，在限定区域试行某一政策，在总结成败经验的基础上，向更广大区域或全国推广所谓"政策实验"的做法很重要。地方自治被称作"民主主义试验场"也是同样道理。

但是，日本也引入了结构改革特区制度。所谓结构改革特区制度，指的是根据地方公共团体和民间创业人士等的自发性提案，开辟特定区域（特区），引入与地方特性相适应的特殊措施，在推进地方结构改革的同时，引领全国的结构改革，以及以打造与地方特性相适应的产业集聚、新型产业为目的的制度。通过这一制度，一定意义上的"政策实验"性举措开始实施，但来自行政的束缚依然严苛，"政策的实验"这一概念不存在也说明政策实验的尝试还很欠缺。

· "独立"概念的缺失

在日本，一切政官产学，都有"事先沟通"的习惯，"独立性"这一概念并不存在，也不大看到拥有不同价值观，从独立立场生出各种创意，在相互竞争中创造出更好事物的社会环境。这里所说的"独立性"不同于"中立性"。这两个概念有显著区别。所谓"独立性"指的是不受别人干涉，独立开展活动和行使权利的状态。独立性也会有倾向。而所谓"中立性"指的是不偏向某一特定的立场或主张，处在中间公正位置的一种状态。而政策的情况是，不选择某种政治性价值观，便不可能制定特定的政策。从这个意义上说，政策有"独立性"而无"中立性"。与这一点也有关系，日本人对于从官方独立出来，有时相互协作，有时相互竞争，为构建更好公益事业而活动的非营利组织、独立部门的认知度也很低。而且独立思想者、富有独立企业家精神的人才（经营者等）数量也非常少，这是现状。

· 封闭性政策制定体系

就像"永田町""霞关村"等表示"村级社会"的词语所象征的那样，今天的日本形成了这样的结构：仅有一小部分人参与政策制定过程，外人很难知道政策是如何制定出来的。这一状况与日本不存在独立概念等恐怕亦有关联。也就是说，日本的政策制定过程是封闭的，无法开展公开的、有建设性的讨论，社会问责（accountability）也不被重视。

· 缺乏理解政策的人

正因为政策制定过程是这样一种状况，所以很多人未必能够理解政策和政策研究等，结果便造成各界都缺乏能够理解政策的人才。

· 智库业界的缺失

前面讲到日本几乎没有真正意义上的智库，但这样的智库也不是说有一个就足够了，当然希望能多设立几家智库，各种各样的新点子才能不断产生，相互竞争的状况才能出现。在这样的过程中，政策信息的广度和深度才会加强，革新性的点子才会持续涌现，结果才更有可能保证符合时代需求的社会永葆生机活力。

怎样开创"民主主义"事业

V-MAP（通往胜利的地图）

基于日本现状和我自身的经验，接下来我想谈谈自己对改变日本现今政策制定过程的思考以及现在和未来将要采取的行动。

在开始之前，首先我想对自己正在思考的 V-MAP（参见图 8－1）做一个说明。这幅图表示的是：为了变革社会，我们首先需要绘制一张蓝图，以表明自己要构建怎样的社会（vision→

V)，然后再明确为了实现它，自己的使命（mission→M）是什么，最后为了完成这个使命，需要带着激情（passion→P）去付诸行动（action→A）。这样做就能够获得一张赢得社会变革胜利的指南或地图，也就是 V-MAP。这种 V-MAP 的想法应用到我自己身上，便如图 8 - 2 所示。

图 8 - 1　V-MAP 的想法

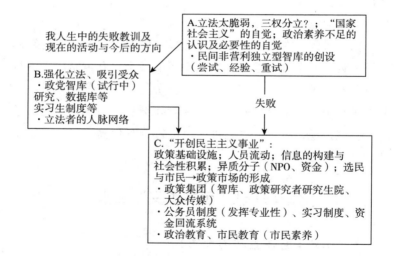

图 8 - 2　我的 V-MAP

注：A. 我认识到日本民主主义和立法等的问题，为了解决这些问题，我尝试创设民间非营利独立型智库。

B. 这一尝试有失败也有部分成功。现在正将全部精力投入政党型（自民党系）智库的运营中。

C. 我考虑通过这些活动，来实现自己的蓝图，即"在日本开创民主主义事业"。

　　我的蓝图是在日本社会"开创民主主义事业"。为了实现这一蓝图，"在日本构建独立型智库"就是我的使命。为此我带着激情参与了各种各样的活动，尽管遭遇了前面提到的种种问题和挫折，依旧行动不辍。我想通过这样做来开创日本民主主义事业（构筑民主主义的、更为开放的市民也能够参与的政策制定过程）。

　　下面，我将提出自己开创民主主义事业的活动与方案。

尝试成立政策智库

　　要说具体采取什么行动，考虑开展哪些活动，我想在当今日本，短期内构建真正的民间非营利独立型智库不容易做到。从智库本来应有的面貌来看，毫无疑问，民间非营利独立型智库是最好的模式。但是，就日本的现状来说，要做到这一点非常困难。这反映在作用低迷、备受冷落的独立型智库的现状当中。正因为如此，我才把自己全部的精力投入政党型智库的设立与运营中。

　　自民党和民主党都设立了自己的智库。为制定更好政策，两党智库相互竞争的局面正在形成。我想这样的局面一定会给日本现有的智库带来影响，并提高那些还未拥有智库的政策制定相关部门和组织创设智库的可能性。最终多家组织相互竞争，智库业界与立法、行政、媒体、大学等一起形成一个政策大市场，打造出一个能够提供更好政策信息和政策方案的环境。在东京基金会任职期间，当该组织一定程度走上正轨时，我也曾开始创设智库的部分工作，但东京基金会自身发生问题后，我便离开了那里，这一工作也就没有了进展。2006 年 10 月，以辈出经济团体联合会会长的企业等为主，成立了由前首相小泉担任顾问的"国际公共政策研究中心"。但愿该中心的成立能够将日本的政策制定状况朝好的方向引领。

这一点引发了我如下的思考。2006 年 9 月新的自民党总裁产生，接着产生了新一任的内阁总理大臣。他就是第一位战后出生的总理大臣安倍晋三。我现在所在的智库原本就是按照安倍首相任代理干事长及自民党改革执行本部部长时的提案设立的。虽然该智库的设立与整个自民党有关，但是构建以智库参与政策制定为代表的政策制定新模式，尤其需要利用新政权诞生这一契机。因为对建成新体系而言，新政权诞生这样的时机或机会非常重要。希望今后能够利用好诞生了政党型智库的安倍政权，促使日本朝构建政策制定新模式前进哪怕一步。

建立立法者人脉网络

在创建自民党智库的过程中，我有机会采访政策制定相关组织的成员。包括参与众议院及参议院立法的职员、国会图书馆的职员、政党工作人员、议员秘书、政党系智库的相关人员等。通过采访我了解到，虽然每个组织当中都有优秀的人才，但是这些组织或人才之间并未建立网络，不仅闲置了很多信息，而且也无法形成更有效更优越的政策制定模式。

我想在立法工作人员之间建立网络，总会有助于改变现状。于是，2005 年 8 月 5 日，我与立法机构相关职员的有识之士办起了学习会。学习会开始的第一天，邮政民营化法案在参议院委员会获得通过，那段日子谈论最多的话题是到底要不要解散众议院，举行大选。学习会的活动现在仍在继续，我想今后在此也要讨论立法辅佐机构的作用和新的可能性。

构建政策报道为主的媒体

在从事以政策研究为中心的种种政策相关活动的过程中，

我感觉到了媒体的问题。负责政治或政策报道的记者容易以政局为中心考虑问题，关心如哪个议员与哪个议员见了面之类的事情。在有关政策的报道上，也多是从政局或什么人发表了言论的角度来论及，而非政策讨论。因此，出现了很多对政策误解误读的报道。因为我现在的工作离政治很近，也常常会接受媒体的采访，于是我发现现实中充斥了很多错误的信息和报道，有时记者还会据此来问我问题，着实令人吃惊。

这些经历让我认识到，在日本，政策相关信息的均衡发布做得还很不够。现在的日本没有哪家媒体能够系统全面地理解各种各样的政策信息。我认为日本有必要构建以"政策"为报道重心的新媒体。今后我将考虑构建这样的媒体。

培养政策人才——建立实习生制度

现在有很多大学或研究生院开设了政策专业，但都是大学根据自身不同的情况而设置的。而且，政策这个领域涉及的不仅仅是理论问题，如果离开了政策制定的现场就没有意义。从这些情况来看，现在拥有政策专业的这些大学或研究生院，作为培养能够在政策制定现场发挥重要作用的政策人才的机构，从其体制或阵容上来看，都很难说是健全的。

培养政策人才，需要向熟知政策制定现场的人学习。另外，既然在大学（或研究生院）学习，一定程度上就要学习抽象而有普遍性的知识，涵盖学术性的专业领域。无论学习多少个案，作为政策人才，都无法获得相应的智慧和技巧，解决自己遇到的政策课题。也就是说，由单纯的学者或仅有行政经验的人来做教员，都无法培养出政策人才。

现在的大学多数是由那些仅了解政策制定现场的人或仅拥有专业知识但未必了解政策制定现场的人来负责教学。培养政策制定的实用人才，不仅需要重视学习，而且也需要重视实际业务经验。尽管变化已经发生，但在终身雇佣为主流的日本，想要积累与政策相关的实际业务经验，不加入组织是很难做到的。

美国的议会及白宫实行实习生制度，大学生或研究生可以边拿学分或利用暑假等休假期间实习，边积累与政策相关的实际业务经验，这样的经历或可被算作学分，或可作为求职时的有利条件被优先考虑。另外，行政部门或者议会还提供中途录用或聘期制等多种工作机会。正是因为有很多这样的机会，民间的人才才能拥有与政策相关的经验和人脉，能够从民间进入政权，作为高官叱咤风云。因为有这样的环境，所谓"旋转门"现象才会产生。

由此可以知道，民间人才并非是突然进入政权发挥作用的。日本对美国的旋转门或政治任命公职人员存在误解——常常以为民间人士是突然冒出来作为高官进入政权，推动政治或政策运作的，但实际上这样的事情即使在美国也不可能发生。正是因为有很多人才从年轻时起就在官民之间变换角色，这种制度才会存在。而且，官方、政界、民间（包含智库等）、学界之间的差异比日本要小，信息公开的推进使得现实政治或政策动向经由媒体的宣传而广为人知。因为人员的跨界流动，不同界别之间的差异性也可以说比较小。在政策制定方面，专业性受到普遍重视，社会的人才流动性就高。正因为有这样的环境，才会存在对民间人士的政治任命和"旋转门"。

美国的副总统理查德·布鲁斯·切尼，昵称迪克·切尼，从年轻时起就对政策及政治相关工作时而参与时而退出，积累了在民间与政府工作的实绩与经验，最后成为高官，是美国"旋转门"的典型例子。切尼在福特政权下成为美国史上最年轻的总统首席助理，后来当选联邦众议员议员，在乔治·布什政府中担任国防部长，卸任后又当了民间企业的首席执行官，在现在的小布什政府中出任副总统，被称为"史上最有权势的副总统"。他参与政策制定的实际事务始于研究生时代的实习生经历。

前面说过在日本，内阁府也开始提供聘期制的工作，另外，民间企业的人才以挂职方式到政府部门工作的情况也已出现。但仅靠这些机会不足以使一个人成长为政策人才，不足以使其来往于官民之间积累足够经验。行政部门有必要改革公务员制度，使那些拥有专业知识的人才作为个人，从年轻时起积攒经验，增加民间经验与学识经验后，还能够通过中途录用的方式，在更高的官职上历练。社会需求急剧变化，专业性变得更加重要，这样的改革势必促使行政部门为顺应这一现状而构建新的体系。

众所周知，关于改革公务员制度的讨论正在进行。但是，要真正见实效还须假以时日。这里我有一个提议，可否先在国会、首相官邸及其他行政部门建立真正意义上的实习生制度，让学生能够作为实习生积累一些实际业务经验？［参见木下玲子《欧美俱乐部社会》（『欧米クラブ社会』）、《美国联邦议会和白宫实习生制度》（国立国会图书馆调查及立法考查局政治议会调查室课题）、《美国联邦议会的奖学金制度》［参见 Susan Watkins Greenfield，"Internships and Fellowships：Congressional，Federal，and Other Work Experience Opportunities（Report for Congress）"（Congressional Research Service，the Library of Congress）］。

这一制度已经被部分采纳，其他如各个政党及政党型智库也可以有同样的制度。部分省厅像经济产业省等似已采纳，但听说只是单纯研修，学生被当作"客人"对待。这样是不对的，应该在更为实际的业务中利用这一制度，让他们承担工作。在我所任职的"智库2005·日本"，研究生们作为实习生相当活跃，在以政策研究为首的活动中贡献极大。决不可以说他们是学生就小看他们。如果是优秀人才，如果在情报收集和调查方面受过正规培训，他们便可以发挥重要作用。通过这一举措，行政自身也将重新审视以前的业务，使实习生能做的业务细分化、明确化，制定部门、岗位等的职责内容（job description），并朝明文规定履职所需的经验和素质的方向努力。这一举措实际上将和未来公务员的中途录用以及公务员改革相结合。

因为实习生并不占公务员编制，所以他们能弥补公务员缩编造成的人数不足的问题。实习期可以设定得稍长一些，最短几个月以上，还可分成无薪和有薪两类。但有薪也只是提供基本的生活补助。对生活困难或地方的大学生也可以考虑提供奖学金。或者将该制度的对象设定为三年级以上的大学生以及研究生，并制定选拔程序，挑选出基础素质好的学生，让他们能够亲身经历部分政策制定的实际过程以提高他们的参与热情。对研究生以上学历获得优秀成果的实习生，或许也应该考虑予以表彰。

如果实习生制度能够落地生根，那必将使得现在还不能提供政策制定实际体验的公共政策系大学和研究生院变得更有活力。为了培养出更多优秀的实习生，大学之间也可能会产生良性的竞争。此外，趁年轻积攒下制定政策的实际经验，这将为日后再次参与政策制定奠定宝贵的基础，我以为这或也将成为打造日本型旋转门的第一步。

我觉得应该将实习生制度与安倍政权下正在进行的扩充政治任命制度、录用民间人才、公开招募作为公务员的首相官邸职员等结合起来，共同促进政策人才的培养和流动。因为来自政府以外的首相官邸支持体制还不充分，所以实习生制度或许也能够起到补充的作用。这样才能构建政治主导的体制和配套的支持体制，在日本构筑全新的政治框架［参见铃木崇弘《扩充支持体制》（『サポート体制拡充を』）、《论点关于"强化首相官邸作用"的思考》（『論点…「首相官邸機能の強化」を考える』），《每日新闻》2006 年 10 月 21 日］。

培养政策人才——建立政策人才培养研究生院

为了培养政策人才，我认为还应该构建新型的政策人才培养研究生院，这与实习生制度中谈到的内容也有关联。政策是为了解决各种因素相互纠缠的社会问题。因此，没有社会经验的学生在大学阶段学习政策会受到很多制约，所以应该将学习政策的重要场所放在研究生院。

日本立国以行政为中心，重塑这一社会不能依靠现有的研究生院，而必须成立"治理研究生院"，对日本社会系统及社会治理进行整体规划和研究，让学生学习相关知识和见解。为了规划这样的研究生院，我曾一度着手收集材料，离开东京基金会后，这个工作便不再有进展。

这个研究生院将会是行政官员也参与执教的行政参与型平台。不过在这里，行政终究不过是治理社会的一种角色，由于市民、NPO、企业等其他不同领域角色的加入，教师与学生将共同来研究传统社会运营方式的废除、变革、创新等问题，在思考中学习。

当今的日本，熟悉政策制定现场的人主要是行政官员。所以，让现任或卸任的行政官员也来做这所学校的教师非常重要。不过，这些人即使对自己参与的各项政策制定过程了如指掌，那终究也都是个别案例，这些经验在新的政策课题上不见得立即就能派上用场。从这个意义上说，只有基于专业性的讨论、学术的切入点、抽象性更强的理解，才更具有普适性，而学过了理论的学生，在自己的政策制定现场，才能活学活用。因此，拥有政策制定现场经验的行政官员或前行政官员，与拥有专业知识的学者或研究员结成对子来共同执教才是这所学校的理想状态。美国商学院案例教学的做法也是值得借鉴的。

通过这样的合作，将各种政策案例记录下来，可以产生更高层次的理论成果，并使之成为公共知识、社会的政策信息。收集政策现场的信息，将它转变成为公共的、社会的智慧，这样的事情日本过去从未做过。但是，在与海外的政策竞争中如果无法胜出，日本社会就没有下一步的发展。因此，为了日本的发展，储存政策信息，反复加以讨论就显得至关重要。只有这样做，才能改变日本传统的做法，使政策制定从个体行为转为组织以及社会行为。

有了这样的政策信息存储，政策信息的广度和深度才会体现出来，社会上也才有可能产生应对紧急政策课题的答案或者可以参考的灵感。在社会复杂化、全球化过程中，临时抱佛脚的信息收集都有局限。开发更为系统的社会化的信息收集、存储和运用的方法也很有必要。

打造政策联合体

前面所讲的内容里面，我特别把"政策智库""政策报道为主的媒体""培养政策人才的研究生院"这三者合起来称作政策联合体（conglomerate）。仅此改变不了什么，但我想的是以这一联合体为中心，改革日本的政策制定过程、政治制度乃至政治环境。政策智库从事政策研究，产出政策信息；以政策报道为主的媒体灵活利用这些信息，对它们进行加工、制作和传播；

培养政策人才的研究生院向政策智库和政策报道为主的媒体输送人才。也可以换个说法，智库及媒体为这些研究生院的学子提供实习及活动场所。

这些人才和信息不仅将使这一联合体中的三个要素相互补充、不断壮大，而且其作用将不止于联合体，凭着壮大的力量，它们将改变日本的政策制定过程，使其变得更加多元、更加开放，更多的价值在这里得到实现。这一变化又将使日本的政治制度更加公开、更加透明（能够更好应对问责）、更加值得信赖，从而具备国际竞争力。最终使日本政治环境变得更加民主化。以上说明用图来表示的话，正如图 8 - 3 所示。在这一政策联合体活跃的过程中，前面说过的政策（研究）市场也才可能形成。

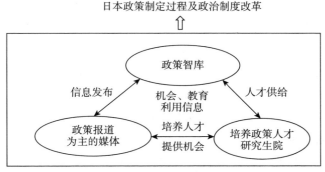

图 8 - 3 政策联合体及各要素间的关系

改革基础部分

以上谈到的内容是政治制度的上层建筑及其改革。但是，我认为仅仅改革上层建筑，政治及民主主义的本质部分并不会随之改变。而为了改变其本质部分，将面对许多课题，下面我想就自己特别关心的两个话题来重点谈一谈。

① 政策研究资金。日本独立型智库很难从事政策研究活动，最大的原因就是资金问题。人才不足，缺乏拥有丰富经验和能力的政策人才是不争的事实，但这个问题的产生，是因为社会上没有什么地方或机会能让人通过从事真正的政策研究而获得社会性评价并因此生存下去。

无论从我个人的经验，还是从日本智库的历史来看，独立型智库或政策研究之所以难以为继，都是因为缺乏支撑政策研究的流动资金。因为没有资金，就吸引不到优秀的人才。再怎么优秀，再怎么对政策研究和政策制定感兴趣，年轻时工资低也可以干，但随着年龄的增长，有了自己的家庭，就不可能总是这样一种状态。志向无论多么高远，即使达不到同等水平，为了过上正常的社会生活，也还是需要相对足够的收入才行。但是，在今天的日本，如果你在 NGO 或 NPO 工作，只能拿到很低的工资。一个月能给几十万日元工资的机构非常有限。很多职员或是不拿工资的志愿者，或是一个月就拿几万日元到十几万日元不等的低工资。20 来岁至 35 岁之前还好说，年纪再大一些，有了自己的家庭，这点工资要过日子就相当吃力了。

从事政策研究，如果想要研究者专事研究工作并取得原创性成果，就必须给予优秀人才相应的报酬。智库活动方面，这样的人才费用或许是最大的支出，除此之外，包括数据库使用费在内的图书资料费、差旅交通费、会谈费、各种补贴等也是主要开支。另外，还需要事务所的经费，例如办公人员的工资、事务所的租金、设备机器的使用费、水电费等。从这些支出就可知道，拥有一定数量的研究员和职员后，运营这个组织是需要一定数量的资金的。只是研究员没有必要终身雇佣。根据研究课题的不同，招聘合同制的研究员即可。政策研究的重要课题总是每隔几年就会有变化，所以对研究员的聘用不宜终身雇佣。

可是，怎样才能弄来这些资金呢？公益法人改革及 NPO 法改革中，捐赠税收制度常常被论及。通过这样的制度改革，人们渴望看到捐款增多和非营利活动、独立的市民活动增多的景象。然而，从以往的经验来看，我认为近中期，更具体地说，就是最近十几二十年内，恐怕都很难看到日本社会捐款急剧增加、非营利活动资金随之充裕的情况。

那么我们就来看看应该怎么办。在民主主义体制下，资金流向非营利活动的方式全世界大体可以分为两种。在美国这样的有捐赠文化的国家，非营利活动的开展依靠的是个人捐赠。针对这种捐赠，政府不进行收税。不过，即便美国，为了充分利用外部机构的专业性，行政机构也会开展委托研究，像美国国立科学基金会（the National Science Foundation，NSF）这样由国会设立的独立联邦机构也会提供研究资助。而且美国几乎所有的部委都会保留预算的 1%（或以下）的资金，将其置于部长的裁量之下，并在部委项目预算要求中，加入可用于政策研究及考评的条款［参见上野真城子《美国的政策分析及对日本的借鉴》（『米国の政策分析と日本が学ぶべきこと』），政策分析网，《季刊政策分析》第一卷第一号］。这笔资金会作为研究资金流向智库。尽管美国也有这样的做法，但因为个人捐赠仍是其主要特征，所以我们将这种类型称作个人捐赠中心型或者是美国型。

另外，欧洲等地存在将部分税金反哺非营利活动的体系。比如，德国的中央及地方政府的税金会流向独立机构，由该组织对研究计划进行审查，对研究以及研究机构进行评价，并决定是否提供资金。而匈牙利等国则设有纳税人可以将所得税的特定比例（例如 1% 或 2%）交给自己选择的公益机构的制度。这被称作"百分比法"或者是"百分比公益慈善"等。我们将这一类型称作"税金回流型""税金活用支援型""欧洲型"。

那么，以上两种方式哪一种更适合当前的日本呢？未来应该向前者发展，但当前可能还是后者。仔细想想，税收绝不是政府的囊中之物。它是国民或纳税人为了有效地运营社会，为了开展各种各样的公共活动，而暂时交由政府保管的钱。从这一观点来看，在民主主义社会，它的分配，即如何运用这一资金，由谁来保管并运用这一资金，本质上应该是国民或选民来做决定。从这个意义上讲，重新思考现在以及今后日本社会应该由谁来运营，社会运营或政策制定主体是谁，并相应地思考钱的分配方法是很有必要的。虽然政府今后仍然是社会运营非常重要的主体，但是从国际社会和国内情况来看，现实中已经出现了 NPO 或 NGO 这样的组织发挥更有效作用的情况，因此，理应考虑向这些组织所属社会部门拨款的问题。

为了推进独立型，特别是民间非营利组织的政策研究，这里我提议构建一种来自税收的资金回流制度。具体做法如下。

税收的利用，正当性很重要。因此，建议创设"政策信息开发机构"（暂称），作为国会的独立机构。该机构的首长（理事长）由国会任命，机构置于理事长的领导之下，预算来自税收，预算额由国会决定，考评由国会负责。为了使活动开展更为机动，该机构由以理事长为中心的理事会进行整体运营。理事由理事长选任。事务局由实施独立研究的合同制研究员，从事研究计划评价、制定、宣传等的项目官以及办公室职员构成，人数固定。

该机构向外部研究机构（主要是 NPO）提交来的政策研究计划书和政策评价活动提供资金，并将其研究和活动成果运用到国会的立法活动中去。国会因此就能获得来自政府之外的政策信息，就能立体地、更加客观地考虑政策替代方案，以更为广泛的信息为基础来制定政策。如前所述，现在的日本，来自政府之外的政策信息非常有限，所以这样的组织就会成为立法机关强有力的援助队伍和援助工具。而且该机构的资金将主要流向 NPO，这就为大多数因缺乏资金现在半死不活的 NPO 和智库提供了有力的资金保障。又因为这是政府之外的资金来源，对非营利部门来说，资金来源实现了多样化，与来自行政的委托研究形成互补，便有可能开展更具独立性的活动。尽管还需要进一步研究，但我希望产生这种资金流动的制度能够早日实现。

② 市民素养（citizen literacy）。还有一个关系政治制度或民主主义制度的根本问题。那就是国民、市民、选民的素质问题。

民主主义社会是由国民来最终决定社会发展方向的。从制度上讲，日本也是民主主义社会，做最终决定的国民必须拥有高素质，也就是说，如果国民不具备理解自己社会的能力以及没有主动做事的意愿，社会的运营就不可能顺利。无论实施多好的政策，只要接受并理解它的人不多，民主主义社会就运营不下去。尽管如此，在日本这个社会，人们却很难体会到政治、政策、法律等就在自己身边，是与自己的生活休戚相关的东西。我想这是因为人们没有机会结合现实，具体地来学习和思考有关市民或国民的作用等基本而且根本的问题。

希望今后的市民不仅具备社会性的问题意识，而且对自己及家人、自己居住的社区、社会及周围的邻居拥有爱心。因为拥有爱心才会参与公共事务，并想把它做得更好。这样的市民，不会一味地接受社会本来的样子，而是出了问题就要解决它，并不断地加以完善（参见竹越与三郎《人民读本》等）。社会培养市民，市民通过参与社会得以成长，市民又塑造了社会。每个人都必须理解自己所属的社会，理解自己所起的作用，掌握必要的信息、技能和素养，成为"市民"。我想把市民应该具备的综合素质称作"市民素养"。其内容本身并不固定，而是在时代和社会中不断变化。

为了提高社会对市民素养的认识，在许多人的帮助下，我出版了《市民素养——社会将因我们的行动而变得更加美好》（『シチズン・リテラシー…社会をよりよくするために私たちのできること』）一书（教育出版）。我希望这本书能够成为日本今后讨论市民素养时的一份材料，并期待这样的讨论深入下去，以使市民素养这一科目能够在义务教育阶段得到系统地学习。市民素养与欧美等为首的海外所实施的"政治教育""市民教育"等也是联动的，以这些为参考来考虑的话，市民素养就理应存在。

在日本，让学生或儿童、市民或选民学习政策或社会基础知识的活动及场所也已陆续出现。例如：教给年轻学生经济知识的特定非营利活动法人经济智力论坛的活动，东京都品川区的市民课，早稻田大学日本桥校区的金融教育培训课程"儿童市场营地"（kids market camp），东京都杉并区立和田中学的"社会"（よのなか）课，日本银行金融广报中央委员会在全国21所幼儿园、小、初、高中举办的金融教育公开课，东京证券交易所等在初、高中进行的股票学习电子游戏实验，让孩子快乐体验各种职业的娱教机构"小小大世界"，等等。并且，还出版了在这些地方使用的教科书和资料等工具书（例如：品川区教育委员会市民科教学计划制定部门编撰的《中小学一贯教育市民科系列》、瑞穗金融集团与东京学艺大学面向中小学合作开发的金融教育教材等）。希望这些动向有助于实现我在义务教育阶段设置"市民素养"科目的梦想。

面向未来

正如我在本章前面所谈到的，我想从两个方面来变革日本。

一方面是通过打造政策联合体，改变日本政治制度、政策制定过程的制度和流程。这是针对上层建筑的改革。另一方面是改变国民或选民的意识以及关乎政策制定过程基础部分的资金流动等，是针对根基的改革。现在我正全力以赴地运营"智库2005·日本"，想方设法使其迈向成功，同时促进这两方面的改革相互联动，在日本开创真正的民主主义事业。

迄今为止我所从事的种种活动，有的取得了部分成功，有的为改进日本政策制定过程做出了一定贡献，但是，也有很多可以说是一连串的错误和失败。而且就像刚才谈到的那样，变革日本社会，这是超出我一己之力的事情，并没有所谓到此为止的完成形态。它应该作为民主主义的一个应有状态，走向未来。最近，我逐渐认识到基于年龄的经验有多么重要，有些事情仅仅依靠才华或年轻是无法做到的，但是我信任青年一代的精力、才华与意志。虽然耳边经常听到有人说"现在的年轻人啊"，但在年长者看来，年轻一代总是如此。现在的年轻人也的确有许多问题，不少人并不关心公共事务，只对自己的事情感兴趣。

但是，比起我十几二十岁那个时候，现在的年轻一代中有更多有才华的人，一边怀着各种烦恼，一边还关心着社会和公共事务，积极地想要做出贡献。也就是说，现在的年轻一代真正出现了"公共鸿沟"（Public Divide）[仿数字鸿沟（Digital Divide）的说法，意指年青一代参与公共事务与不参与公共事务的人的差距。数字鸿沟指的是拥有信息时代工具的人与未曾拥有者之间存在的鸿沟，体现了当代信息技术领域中的差距现象。——译者注]。我相信那些关心公共事务并想要积极参与社会的青年才俊，我相信他们能够为我们建设一个崭新的日本。今后我还会继续参与各种各样的活动，但我也将与那些关心公

共事务并努力使日本变得更美好的人们一起齐心协力，尽可能
地为年轻人提供活动的场所和机会。

参考文献

下河辺淳監修『政策形成の創出…市民社会におけるシンクタン
ク』第一書林、1996 年

三神万里子著「公共政策大学院は機能するか」朝日新聞社『論
座』2005 年 5 月号

立花隆『天皇と東大…大日本帝国の生と死　上・下巻』文芸春
秋、2005 年

総合研究開発機構（NIRA）『シンクタンクの動向 2006』

木下玲子著『欧米クラブ社会』新潮社、1996 年

国立国会図書館調査および立法考査局政治議会調査室・課「アメ
リカ連邦議会とホワイトハウスのインターン制度」「アメリカ連邦議
会のフェロー制度」（Susan Watkins Greenfield, "Internships and Fellow-
ships: Congressional, Federal, and Other Work Experience Opportunities
(Report for Congress)"〔Congressional Research Service, the Library of Con-
gress〕）2004 年・2002 年作成

鈴木崇弘著「サポート体制拡充を」毎日新聞「論点…首相官邸機
能の強化を考える」2006 年 10 月 21 日付

品川区教育委員会市民科カリキュラム作成部会編『小中一貫教育
市民科セット』教育出版、2006 年

上野真城子著「米国の政策分析と日本が学ぶべきこと」、政策分
析ネットワーク『季刊政策分析』第 1 巻第 1 号、2004 年

鈴木崇弘ら編著『シチズン・リテラシー…社会をよりよくするた
めに私たちのできること』教育出版、2005 年

后　记

　　2001 年我参与创设的组织里走出了一位大臣，那就是担任小泉内阁大臣的竹中平藏。因为支持他，我获得了参与制定日本政策的机会。但遗憾的是因为我所供职的组织出了一些状况，我没能好好地利用这个机会。

　　长达 5 年半的小泉政权结束之后，2006 年 9 月，诞生了安倍晋三新政权。我现在（2007 年）工作的"智库 2005·日本"就是以安倍为中心成立的组织。而且，当年参与筹建的大多数人要么担任了自民党或内阁的要职，要么进入了首相官邸。我希望能够利用好这个机会，全力以赴使智库活动产生更多成果，不仅如此，既要构建日本政策制定的新形式，又要让日本全社会认识智库的作用和必要性。

　　在日本发生重大转向的这两个时期，我都幸运地与政权很接近。吸取错过上一次机会的教训，我希望能利用好这次机会，取得一些成果。

　　在演讲等场合中我常常提到这样一句话，那是村上龙小说《希望之国》（希望の国のエクソダス）（文艺春秋，2000 年）中一位主人公说过的一句话："这个国家（日本）什么都有。物质真是极大丰富。但是，唯独没有希望。"

这句话准确地说出了日本现状的一个方面。但另一方面，我又认为这句话是错误的。"希望"和"梦想"既非靠别人施舍得来，也不是始终存在的，而应该是个人与社会共同创造出来的。在这个意义上，我希望自己能够永远怀揣理想、梦想与希望。

但是，心中有理想并不意味着结束，为了将它变为现实，我一直全力以赴，今后也将继续如此。尽管到最后也许并不能实现多少理想，但我希望自己从始至终都是一个"现实的理想主义者"。因为我相信，理想只有在现实中得以实现，它作为理想才会有意义。

本书探讨的是智库与民主主义的问题，其中交织着我的人生故事。尽管这里对智库与民主主义的论述还比较粗浅，认识仍有待深入，但是，我能够跟跟跄跄但又心无旁骛地专注于这项事业，得益于许多人对我的指导和帮助。

首先，我要对以下各位表示感谢：

日本基金会会长笹川阳平，日本基金会理事长尾形武寿，前笹川和平基金会理事长入山映，原国土事务次官下河边淳，日本基金会特别顾问日下公人，前总务大臣竹中平藏，前议员滨田卓二，社团法人亚洲论坛日本专务理事吉原钦一，石田肇（已故），财团法人日本国际论坛理事长伊藤宪一，庆应义塾大学教授迹田直澄，大阪大学教授河田聪，关西学院大学教授上野真城子，城市研究所高级研究员雷蒙特·斯特赖克以及其他的许多故知与友人。

其次，在政党智库方面，我要对以下各位表示感谢：

参与创立的安倍晋三首相、前金融·经济财政大臣与谢野馨、官房长官盐崎恭久、首相助理根本匠、官房副长官下村博文、首相助理世耕弘成、参议院议员小林温、曾任"智库2005·

日本"前理事的自民党干事长中川秀直、环境大臣若林正俊、自民党前党改革执行本部部长太田诚一。另外，还要感谢智库创设委员会及党改革执行本智库创设部会委员中的诸位议员们。

还有现在的自民党智库窗口负责人中川昭一政调会长以及中山成彬政调副会长，"智库2005·日本"主要支柱之一、日本政策学术活动的中心人物杉浦正健（前法务大臣）。

再次，我要对参与到"智库2005·日本"创设和各种活动中的许多自民党员工、议员助手表示感谢。

还有"智库2005·日本"的现任代表理事、注册会计师樫谷隆夫以及现任理事、早稻田大学研究生院亚洲太平洋研究科教授川村亨夫、担任政府税调会会长的前理事香西泰、监事桥爪雄彦。还有参与研究项目的东京大学法学系教授久保文明、IT经济顾问公司（IT Economy Advisors, Inc.）代表董事熊坂侑三、京都大学研究生院法学研究科教授大石真、拓殖大学政经系教授冈田彰以及其他专家和相关人士。

在撰写谢辞的过程中，我再次意识到自己承蒙许多人的关照，这里无法一一记下所有人的姓名。正是因为记在这里的人士以及其他许多人士的存在，才有现在的我。我对他们表示由衷的感谢。

最后，我还要衷心地感谢我的家人，以及第一书林社长橘民义、博特盈公司（Pole To Win Co., Ltd.）的三宅达也、日本经济新闻社职员清家润一，在我几度受挫时，他们不断鼓励我，正是他们的支持，才有了本书的出版面世。

铃木崇弘

2007 年 4 月 24 日

卷末资料

日本智库相关事件（部分）

年份	相关主要法律/制度等	主要大学/学会等	主要的研究机构等	其他
1867				明治政府成立； 明治维新（1868年）
1889	大日本帝国宪法颁布			
1905				日俄战争（1904年2月至1905年9月）结束
1907			南满洲铁路株式会社（1906年成立）设置满铁调查部	
1931				满洲事变（中国称"九一八"事变）发生、满洲国（中国称"伪满洲国"）建国宣言
1932				五一五事件
1933			昭和研究会开始	
1936				二二六事件
1938				国家总动员法颁布
1940		日本经济政策学会		《德意日三国军事同盟条约》签订； 大政翼赞会成立

年份	相关主要法律/制度等	主要大学/学会等	主要的研究机构等	其他
1941				太平洋战争爆发
1945			（财）国民经济研究协会成立	太平洋战争结束（战后民主主义开始）
1946	日本国宪法公布（11月3日、1947年5月3日实施）		PHP研究所成立；战后问题研究会发表《日本经济重建的基本问题》（3月）；吉田茂私人顾问小组举行午餐会（5月）	远东国际军事法庭开庭（1948年11月最终判决）
1950		社会政策学会成立（本学会名称与财产来源于1897年成立的同名学会）		朝鲜战争爆发；警察预备队设置
1951				《旧金山和约》签订；《日美安全保障条约》签订
1953				警察法、防卫厅设置法、自卫队法颁布
1955				自由民主党、日本社会党建党——五五年体制确立
1956				日本加入联合国
1960				《日美新安全保障条约》签订
1963			（财）日本经济研究中心设立	
1965			野村综合研究所设立	《日韩基本条约》签订
1966				《日苏贸易协定》签订；首次发行赤字国债

年份	相关主要法律/制度等	主要大学/学会等	主要的研究机构等	其他
1968				小笠原返还，协定签订
1969			社会工学研究所设立	日本首次加入联合国裁军委员会； 伊邪那岐景气
1970			三菱综合研究所设立	智库元年； 1970年前后第一次智库热； 日本万国博览会
1971			（财）未来工学研究所设立； （财）政策科学研究所设立	冲绳返还协定签订
1972			（财）余暇开发中心设立； （社）现代综合研究集团设立	冲绳复归
				金大中事件发生
1974			综合研究开发机构设立； （财）山口经济研究所设立	韩国总统朴正熙遇刺事件
1975			政策构想论坛成立	
1976				洛克希德贿赂事件
1977		埼玉大学政策科学研究科设置（研究生院）→政策研究大学院大学成立（1997年10月）； 日本计划行政学会成立	（财）冈山经济研究所设立	日元升值，1美元所兑跌破250日元关口 战后最严重的不景气状态到来

年份	相关主要法律/制度等	主要大学/学会等	主要的研究机构等	其他
1978			（财）北陆经济研究所设立；太平首相组阁后成立的由 200 名专家学者组成的首相直属咨询机构，设置了 9 个政策研究小组	日中和平友好条约签订日元升值，1 美元所兑跌破 180 日元关口，后又回升
1979		（财）松下政经塾设立	（财）秋田经济研究所	美国总统卡特一行来日；东京首脑峰会
1980			（财）香川经济研究所设立（太平首相组阁后成立的由 200 名专家学者组成的首相直属咨询机构）	众参两院同时选举，自民党大胜
1982			自由主义经济推进机构开始活动（议员成立的智库。其后更名为自由社会论坛。因其活动成果，1993 年（社）亚洲论坛·日本成立；（财）岩手经济研究所设立；（财）福岛经济研究所设立	IBM 产业间谍事件
1983			（财）兵库经济研究所设立；（财）群马经济研究所设立	临时行政改革调查会进行最终答辩

年份	相关主要法律/制度等	主要大学/学会等	主要的研究机构等	其他
1984			滋贺银经济文化中心（财）南都经济中心设立；（财）长野经济研究所设立；（财）静冈综合研究所设立	厚生省公布日本为世界第一长寿国
1985			（财）德岛经济研究所设立；百五经济研究所设立；山阴经济经营研究所设立	铃木（本书作者）回国；日本电信电话公司（NTT）、日本烟草产业公司（JT）成立；男女雇佣机会均等法出台
1986			环境综合研究所设立	众参两院同日选举；自民党大胜；东京首脑峰会举办
1987			（财）日本国际论坛设立；京都综合经济研究所设立	20 世纪 80 年代后半期，第二次智库热；其后，因为泡沫经济崩溃，智库设立稍稍放缓；美国发布对日经济制裁措施；国铁拆分，JR 集团组建
1988			（财）世界和平研究所设立；伊予银地域经济研究中心设立；（财）栃木综合研究所设立；智库宫崎（1995 年重组为现在的组织）滨银综合研究所设立；（财）福冈亚洲都市研究所（更名前为福冈都市科学研究所）设立	日美牛肉、橘子谈判达成最终结果

续表

年份	相关主要法律/制度等	主要大学/学会等	主要的研究机构等	其他
1989			长崎经济研究所设立；鹿儿岛综合研究所设立；（财）国际东亚研究中心设立	消费税实施
1990		庆应义塾大学综合政策系设立	大银经济经营研究所设立；鹿儿岛地域经济研究中心设立	1990 年前后，关于 NPO、非营利部门的议论兴起；90 年代前半期，第三次智库热兴起；日美结构问题协议最终报告发表
1991			（财）丰田都市交通研究所设立	智库项目开始（SPF&UI）；苏联总统戈尔巴乔夫来日
1992			（财）高知县政策综合研究所设立	协助联合国维持和平活动（PKO）法案成立
1993		中央大学综合政策系设立	（财）宫城县地域振兴中心设立；（财）环日本海经济研究所设立	细川政权诞生（8 月）；《世界的智库——连接"知识"与"治理"的机构》出版
1994	政策秘书制度选举制度；改革中引入众议院选举小选举区比例代表并立制（小选举区 300 席、比例代表 200 名）	立命馆大学政策科学部设立；大阪大学国际公共政策研究课设立		村山富市内阁组建；汇率：1 美元约兑 96 日元

年份	相关主要法律/制度等	主要大学/学会等	主要的研究机构等	其他
1995		关西学院大学综合政策系设立；环境经济·政策学会	仙台都市综合研究机构设置；磐未来建设中心设立；（财）鸟取政策综合研究中心设立	阪神淡路大地震；东京地铁沙林毒气事件；世界智库论坛召开；日美汽车贸易协定签署
1996	日本公共政策学会设立		二十一世纪政策构想论坛设立；（财）德岛地域政策研究所设立；共立综合研究所设立；三重银综合研究所设立	众议院选举中首次实行小选举区比例代表并立制；住宅金融专门会社（住专）处理法成立
1997		立命馆大学研究生院政策科学研究科设立；中央大学综合政策学研究科设置；政策研究大学院大学（1997年10月）创设（从埼玉大学政策科学研究科发展而来）；环境法政策学会设立	二十一世纪政策研究所设立（3月）；藤田未来经营研究所设立（4月）；构想日本成立（4月）；东京基金会设立；（当时为国际研究奖学基金会，7月）；（财）福岛自治研修中心智库福岛设立；岸和田都市政策研究所成立；丰中市政研究所成立	民间非营利独立型智库元年；民间非营利独立型智库创立热（第四次智库热）；消费税增至5%

续表

年份	相关主要法律/制度等	主要大学/学会等	主要的研究机构等	其他
1998	特定非营利活动法人法（NPO法）（3月制定，12月实施）	日本志愿者学会设立	二十一世纪政策构想论坛NPO法人化；（财）山梨综合研究所设立；Saison综研（由Saison集团下的流通产业研究所、商品科学研究所、食品系统综合研究所共三家研究所合并而成）设立	金融再生关联法出台
1999	行政机构保有信息公开法律（信息公开法）（1999年5月制定，2001年4月实施）	日本NPO学会设立；政策分析网络发起；关西学院大学研究生院综合政策研究科设立		日美NPO智库会议"改变日本——21世纪的市民与政策"（1月）；日本经济新闻："大藏省退休官员刺激政治——独立系智库的奋斗"（6月7日）"五大智库热烈讨论"（新闻周刊AERA 8月9日报道）
2000		德岛文理大学综合政策系设立；日本评价学会设立	思想网中心21（民主党系）成立	东京基金会活跃（特别是2000～2001年），例如，举办模拟首脑峰会、互联网国际会议，组建森政权TF（战后首次由非官僚撰写首相施政演说）、民主党学习班，起草小泉政权的报告等；举办九州·冲绳首脑峰会

年份	相关主要法律/制度等	主要大学/学会等	主要的研究机构等	其他
2001	中央省厅等的改革、新体制；（1月6日）政策评价法（3月制定，2002年4月施行）	岐阜大学地域科学部地域科学研究科地域政策讲座设置；千叶大学综合社会科学研究科国际公共政策专业设置	独立行政法人经济产业研究所（RIETI独立法人化）成立言论NPO（特定非营利活动法人）成立（7月）	小泉政权诞生（4月26日）→竹中平藏经济财政大臣诞生。其后，多位东京基金会相关人才进入政权从政。美国遭受恐怖袭击事件（9月11日）；2001～2004年，民间非营利独立型智库衰退时期
2002		熊本大学社会文化科学研究科博士课程（公共社会政策学专业等）设置；社区政策学会设立；日本地域政策学会设立		小泉首相访朝，与金正日总书记会谈；经团联与日经联合并，日本经团联成立
2003		早稻田大学专门职研究生院公共经营研究科设立；千叶大学综合法经系政策学科（硕士课程设置）"一新塾"NPO法人化	社会工学研究所关闭（5月）	有事关联三法案通过；伊拉克复兴支援特别措施法出台

年份	相关主要法律/制度等	主要大学/学会等	主要的研究机构等	其他
2004		明治大学研究生院政府管理研究科设置；东京大学公共政策研究生院设置；东北大学公共政策研究生院设置；德岛文理大学专门职研究生院综合政策研究科地域公共政策专业设置；香川大学地域管理研究科设置；政策信息学会设立	藤田未来经营研究所关闭（3月）；（财）国民经济研究协会关闭；Saison综合研究所关闭；野村综合研究所缩小研究创发中心（政策建言部门），撤销宏观经济分析部门，40名经济学家调往野村证券（3月）；RIETI所长更替（3、4月）	第四次智库热偃旗息鼓（3月）；公益法人制度的重新评估；NPO法的重新评估；竹中平藏经济研究所设立（10月）；陆上自卫队进入伊拉克的萨马瓦；有事关联七法案通过；内阁会议正式决定自卫队参加多国部队
2005		中央大学公共政策研究科开设；一桥大学国际·公共政策研究生院（政策研究生院）开设；北海道大学公共政策研究生院开设	数个政党有创建智库的动向；公共政策论坛（民主党系）设立（11月）	邮政民营化选举（9月11日），执政党大胜；冻结中的存款偿付制度全面废除；政党智库元年；第五次智库热（?）
2006			智库2005·日本（自民党系）设立（3月）；国际公共政策研究中心设立（前首相小泉纯一郎任顾问，10月）	安倍政权诞生（10月）
2007		文化政策学会计划成立（6月）		防卫厅升格为防卫省

资料来源：参见儿玉幸多编《标准日本史年表》，吉川弘文馆等（2007年2月作成）。

美英德智库的若干案例

1. 美国

①民间主要智库（民间非营利独立型）

名称	成立时间	政治站位、关联政党等	备注
布鲁金斯学会 Brookings Institution（BI） http：//www. brook. edu/	1916 年	据称现在最无政党性	预算额为 3700 万美元（2001 年）；捐款、基金、出版、政府等；职工 271 人（研究员 98 人、事务员 173 人），客座研究员 40 人以上
美国企业研究所 American Enterprise Institute for Public Policy Research（AEI） http：//www. aei. org	1943 年	自由主义；小政府 亲共和党	预算额为 2400 万美元（2000 年）；个人捐款、企业捐款、基金会、出版、会议收入、投资收入等；不接受委托研究项目
传统基金会 Heritage Foundation http：//www. heritage. org	1973 年	保守；小政府 亲共和党	预算额为 3000 万美元（2001 年）；个人捐款、基金会、遗产捐赠、企业捐款、出版、投资收入等；职工 195 人（研究员 45 人、事务员 43 人）；客座研究员 5 人
彼得森国际经济研究所 Institute for International Economics（IIE） http：//www. iie. com/	1981 年	亲民主党	所长为弗雷德·伯格斯滕（C. Fred Bergsten）；预算额为 620 万美元（2000 年）；基金会、捐款、出版等。不接受委托研究项目；职工 54 人（研究员 36 人、事务员 18 人）；客座研究员 20 人
城市研究所 Urban Institute（UI） http：//www. urban. org/	1968 年	亲民主党	预算额为 6100 万美元；政府资金、基金会等；接受委托研究项目；职工 400 人（研究员 275 人、事务员 125 人）

续表

名称	成立时间	政治站位、关联政党等	备注
美国进步中心 Center for American Progress（CAP） http：//www. americanprogress. org		民主党派	由曾任克林顿政府总统首席助理的约翰·波德斯塔（John Podesta）设立；资助人以索罗斯为代表；起到民主党的传统基金会般的作用；智库具备制定政策更加注重"实践性"的功能
新美国基金会 New American Foundation（NAF） http：//www. newamerica. net/	1999年	基金会等	特德·霍尔斯特德（Ted Halstead）设立。1999年像彗星一样出现在华盛顿，瞬间就成为决策圈的宠儿。 从基金会获得2000万美元资金，起步时的研究员才8人。成立四年后的2003年2月研究员发展为33人。2001年预算规模超过300万美元。 靠媒体报道和经营头脑二原则，NAF发展势如破竹

　　注：美国有1000家（又一说是1200家）智库。仅华盛顿就有约100家智库。地方（特别是州府）上也有以地方为对象的智库。

　　在美国，智库亦被称为"没有学生的大学"（universities without students）。

②政党智库型智库

名称	关联政党	资金来源	备注
进步政策研究所 Progressive Policy Institute（PPI） http：//www. ppi-online. org	民主党，但与民主党无正式关系	企业等	倡导"新自由主义"（New Democrats）、"第三条道路"。被称为民主党中间保守派联合会（克林顿任阿肯色州州长时曾兼任会长）的智库。亦有人主张其为"美国唯一的政党智库"

续表

名称	关联政党	资金来源	备注
美国进步中心 http://www. americanprogress. org	亲民主党		克林顿政府总统首席助理约翰·波德斯塔设立
进步自由基金会 Progress & Freedom Foundation（PFF） http://www.pff. org/daca/working- groups.html	共和党	企业捐款（主要为 IT、能源、娱乐相关企业。以前还包括医药相关企业）， 具体为苹果、亚马逊、惠普、IBM、电信、索尼娱乐、迪士尼、时代华纳、摩托罗拉、英特尔、微软、第一能源、进步能源	市场经济主义。研究数据革命及其对政策的影响。面向未来锐意改革。支持纽特·金里奇（Newt Gingrich）的活动。灵活运用小规模的外部研究员。接纳新型产业。新型产业也有利于建立政治人脉

2. 英国

①学术型智库

英国学术型智库主要有以下这些：皇家国际事务研究所（查塔姆社）、国立经济社会研究所、国际战略研究所、海外发展研究所、帕诺斯（Panos）研究所、联邦基金、经济政策研究中心、财政研究所、政策研究所、欧洲环境政策研究所、未来论坛等。下面介绍其中几家。

名称	成立时间	领域	预算、资金来源等	与其他机构的关系	备注
皇家国际事务研究所（查塔姆社）Royal Institute of International Affairs (Chatham House) http://www.riia.org/	1920年	国际领域中的政治、经济、安全保障以及其他主要课题	慈善资助金、来自企业等的捐赠、会费订阅费，来自相关机构的收入	自由立场，不受政府或其他政治利益集团所控	国际上从事国际问题分析的主要机构之一，美国查塔姆基金会（支持美英关系）；财务困难引发改革
国际战略研究所 International Institute for Strategic Studies (IISS) http://www.iiss.org/	1958年	国际战略问题、国际安全保障问题	在世界上拥有超过100个国家约3000名的个人会员和500家企业或团体会员	独立于任何政府或政治相关机构	国际上研究军事纷争的主要机构。在美国与新加坡设有分支机构
国民经济和社会研究所 National Institute of Economic and Social Research (NIESR) http://www.niesr.ac.uk/index.htm	拥有60年以上历史最长的独立研究机构	生产性能、退休金、高龄化社会、贸易、投资、欧洲金融、统一，劳动市场，经济统计等	—	独立于一切政治利益集团	政府资金不作为主要资金来源；与主要学术研究机构开展共同研究项目，但不隶属于任何一家大学
海外发展研究所 Overseas Development Institute (ODI) http://www.odi.org.uk/	—	国际开发、人权问题	研究基金会、来自国际机构以及NGO的资助金、捐款；登记为慈善团体	独立	设立年轻博士后经济学家在非洲、加勒比海沿岸、太平洋地区发展中国家公共部门工作的奖励制度

续表

名称	成立时间	领域	预算、资金来源等	与其他机构的关系	备注
欧洲环境政策研究所 Institute for European Environmental Policy (IEEP) http://www.ieep.org.uk/	1980年（筹建事务所，1976年最早设于波恩）	与欧洲环境可持续发展政策及农业、交通、农村及地方政策发展、渔业等其他政策有关的观点	资金或来自研究机构、基金会、欧盟有关机构、政府中央机关、环境机构、非政府机构等。	独立	设有伦敦事务所（1980年成立）、布鲁塞尔事务所（2001年成立）
政策研究所 Policy Studies Institute (PSI) http://www.psi.org.uk/	1978年成立，由1931年成立的政策经济研究机构（Political and Economic Planning, PEP）和1972年成立的社会政策研究中心（the Center for Studies in Social Policy, CSSP）合并而来	就业、环境、社会政策	来自政府、团体、基金会，EC（现为EU）等研究协议会、企业的项目资金	政治中立、独立	学术性强。英国少有的规模较大的传统型机构。1998年缩小规模，作为威斯敏斯特大学的附属机构重新起步
经济政策研究中心 Center for Economic Policy Research (CERP) http://www.cepr.org/default_static.htm	—	所有经济政策	资金来自中央银行、基金会等、民间机构或金融机构、欧洲或欧盟等的政府部门等	独立，超党派	有助于欧洲研究者建立人脉网

②政治性智库或意识形态智库

名称	成立时间	意识形态倾向	关联政党（有联系但保持距离）	备注
费边社 Fabian Society（FS） http://www.fabian-society.org.uk/int.asp	1884 年	中间左派	与工党关系密切	采用会员制的智库。讨论对外公开
鲍集团 Bow Group（BG） http://www.bowgroup.org/	1951 年	中间右派	保守党	最古老智库之一。政策制定、出版、促进保守党内部的讨论
保守政策论坛 Conservative Policy Forum（CPF） http://www.conservatives.com/tile.do? def＝party.policy.forum.page	1997 年（2002 年重新成立）	—	保守党	保守党内（in-house）智库。支持议员参与政策制定。党内讨论气氛热烈。由 1945 年设立的 Conservative Political Centre 发展而来。黑格（William Hague）因保守党领袖威廉·黑格（William Hague）因担忧主张自由市场的智库及保守党内政策组织弱化而成立
公共政策研究所 Institute for Public Policy Research（IPPR） http://www.ippr.org.uk/	1988 年	—	（新）工党	为对抗 20 世纪 80 年代流行的自由市场理念而成立。资金来源于企业捐赠、工会捐款、慈善金。不接受委托研究。预算金额为 300 万～500 万美元

续表

名称	成立时间	意识形态倾向	关联政党（有联系但保持距离）	备注
促进研究会 Catalyst http://editiondesign. co. uk/ catalyst/	1998 年	工人运动及左翼	（新）工党	支持工人运动及左翼的新型运动智库；促进或制定具有现实性的政策以利于财富、权力、机会的再分配
外交政策中心 Foreign Policy Centre（FPC） http://fpc. org. uk/	1998 年	—	（新）工党 Demos（德莫斯） 成员成立	不接受委托研究，职工 10 人（含研究员 5 人）及客座研究员 7 人； 在托尼·布莱尔首相庇护下，由原外交大臣罗宾·库克（Robert Finlayson Cook）设立
社会市场基金会 Social Market Foundation http://www. smf. co. uk/	1993 年	—	以前的自由党	资金来源：基金会、企业、个人。旨在提出经济社会政策的创新性点子
经济问题研究所 The Institute of Economic Af- fairs（IEA） http://www. iea. org. uk/	1955 年	自由市场 （free market） 经济、保守型	—	以政策建言活动为中心，研究员 1 人、客座研究员 3 人、事务员 11 人； 资金来源：基金会、企业捐赠、个人捐赠、出版等； 不接受委托合同， 预算金额为 1500 万美元（2000 年）

续表

名称	成立时间	意识形态倾向	关联政党（有联系但保持距离）	备注
政策研究中心 Centre for Policy Studies（CPS）http://www.cps.org.uk/	1974年	自由市场经济、保守型	亲保守党	由原首相撒切尔夫人及基思·约瑟夫（Keith Joseph）爵士创设
亚当·斯密研究所 Adam Smith Institute（ASI）http://www.adamsmith.org/	1977年	自由市场经济、保守型	—	成立于撒切尔夫人政权时代，规模小，事务员3人，客座研究员2人；资金来源：项目资助金、企业献金、个人献金、委托合同、基金会、会费、出版（2000年）预算金额为40万英镑
大卫·休谟研究所 David Hume Institute（DHI）http://www.davidhumeinstitute.com/	1985年	自由市场经济、保守型	—	独立非营利组织。无政治归属。以经济和法律制度的关系为研究专长。与爱丁堡大学关系密切。接受来自企业或个人的捐赠及会费
欧洲政策论坛 European Policy Forum（EPF）http://www.epfltd.org/	1992年	自由市场经济、保守型	—	人际网络建设
理想国 Politeia http://www.politeia.net/news/europe_for_citizens_forum	1995年	自由市场经济、保守型	—	支持欧洲市民性或民主义的网络。包括个人和团体会员1500名。目的为扩大欧洲市民的社会和政治参与

续表

名称	成立时间	意识形态倾向	关联政党（有联系但保持距离）	备注
史密斯研究所 Smith Institute (SI) http://www.smith-institute.org.uk/	—	—	亲工党	财务大臣戈登·布朗（Gordon Brown）为了巩固自己的政策而设立。研究所的名字来自工党原领袖约翰·史密斯
德莫斯 Demos http://www.demos.co.uk/	1993年	中间左派、自由市场	亲工党	亲近首相布莱尔及"新工党"（New Labour）的布莱尔政府。具有知性影响力，但现在有所下降。研究员7人，事务员4人。接受委托研究
新政策研究所 New Policy Institute (NPI) http://www.npi.org.uk/	1996年	中间左派、自由市场	—	进步智库
雇佣权利研究所 Institute of Employment Rights (IER) http://www.ier.org.uk/	1989年	中间左派、自由市场	—	支持工人运动的智库；从事劳动法相关研究；慈善团体
尼克萨斯 Nexus http://www.netnexus.org/	1997年	—	亲工党	布莱尔发起；互联网上的讨论小组，"英国首家虚拟智库"

注：据称全英国有100家左右的智库。

3. 德国

①学术型智库

主要的学术型智库有以下这些。

名称	成立时间	领域	预算、资金来源等	与其他机构的关系	备注
德国经济研究所 German Institute for Economic Research（DIW） http://www.diw.de/deutsch/	1925年（1941年改为现在的名称）	从经济周期分析和预测、短期经济走向，最新经济财政问题分析到对全球经济及不同业界未来发展趋势的预测和评估	联邦政府及柏林市政府的资金援助。政府的委托研究和会费	六大经济研究所之一	—
汉堡经济研究所 Hamburg Institute of International Economics（HWWA） http://www.hwwa.de/	1908年	最新国际欧洲经济问题、经济政策、世界经济	联邦政府及汉堡市政府提供资金。1030万欧元（2003年）	六大经济研究所之一	—
IFO经济研究所 Ifo Institute for Economic Research（Ifo IER） http://www.cesifo-group.de/portal/page?_pageid=36,1&_dad=portal&_schema=PORTAL	1949年	经济周期分析·金融市场、公共财政、管理政策·劳动市场、人力资本和结构调整、产业、环境·地方·交通、国际组织比较、经济调查	1260万欧元（2003年）	六大经济研究所之一	—

续表

名称	成立时间	领域	预算、资金来源等	与其他机构的关系	备注
基尔大学世界经济研究所 Kiel Institute for World Economics (IFW) http://www.uni-kiel.de/ifw/	1914年	时下经济政策问题的实证分析、新经济现象的理论分析，为探求经济政策的新方案而进行创新性思考	2200万欧元（2003年）	六大经济研究所之一	基尔大学的附属机构。员工270人（其中研究员60人）
莱茵－威斯特伐利亚经济研究所 Rhine-Westphalia Institute for Economic Research (RWI) http://www.rwi-essen.de/	1943年	劳动市场・教育研究、移民・环境经济等的分析、经济结构变化、德国及主要发达国家的经济问题与预测等	780万美元（2003年）	六大经济研究所之一	员工82人（其中研究员53人）
哈雷经济研究所 Halle Institute for Economic Research (IWH) http://www.iwh-halle.de/	1992年	德国国内外经济活动、创新、限制、预测、国际融合	来自联邦和州政府的资金（联邦：州=50:50）；约400万欧元	六大经济研究所之一	位于原东德的研究所
国际政治安全保障研究所 German Institute for International Politics and Security (SWP) http://swp-berlin.org/	1962年	欧盟统一、欧盟对外关系、欧盟大西洋安全保障、美国、CIS、中东、非洲、亚洲、全球问题	958万欧元（2005年）	独立	员工130人以上

续表

名称	成立时间	领域	预算、资金来源等	与其他机构的关系	备注
德国外交政策协会 The German Council on Foreign Relations (DGAP)	1955年	外交政策	350万欧元（2003年）	独立、民间、超党派	—
亚洲问题研究所 Institute of Asian Affairs (IFA) http://www.duei.de/ifa	1956年	亚洲各国的政治、经济、社会发展	200万欧元（2005年）	—	研究亚洲的欧洲机构
柏林社会科学研究中心 Social Science Research Center Berlin (WZB)	1976年	现代社会中的发展倾向、关于适用的问题、创新可能性	来自联邦政府及柏林政府的资金	—	欧洲同类型中最大的机构

②政治基金会（政党关联基金会、政党关联智库）

基金会名称	成立时间	关联政党	备注
弗里德里希·艾伯特基金会 Friedrich Ebert Foundation http://www.fes.de/index_g.htm	1925年	社会民主党 Social Democratic Party (SPD)	在全世界90个国家设有事务所。在100多个国家开展活动

续表

基金会名称	成立时间	关联政党	备注
康拉德·阿登纳基金会 Konrad Adenauer Foundation http://www.kas.de/	1964年	基督教民主联盟 Christian Democratic Union (CDU)	年预算额为1亿欧元（约135亿日元）
汉斯·赛德尔基金会 Hanns Seidel Foundation http://www.hss.de/homepage.shtml	1967年	基督教社会联盟 Christian Social Union in Bayern (CSU)	在世界三大城市设有办事处，另有30个以上的项目事务所
腓特烈·瑙曼基金会 Friedrich Naumann Foundation http://www.fnf.org.ph/	1958年	自由民主党-自由党 Free Democratic Party-The Liberals (FDP)	在80多个国家有合作伙伴
海因里希·伯尔基金会 Heinrich Böll *Foundation* http://www.boell.de/en/nav/275.html	1996年	绿党 Green Party	年预算额为3500万欧元；18个左右（含筹建中的）的海外事务所；员工200人及支援人员350人
罗莎·卢森堡基金会 Rosa Luxemburg Foundation http://www.rosalux.de/cms/index.php?aktuell	1998年	民主社会主义党 Party of the Democratic Socialism (PDS)	前身成立于1990年。在12个国家开展20个项目

注：政治基金会也为政治教育、解决开发问题等提供奖学金，智库是其功能的一部分。在德国，包括学术性智库等在内有100家左右的智库。政治基金会和智库的资金几乎都来自公共资金。

资料来源：信息源自各智库网站，NIRA（http://www.nira.go.jp/ice/nwdt/2005/index.html, http://www.nira.go.jp/linke/tt-link/index.html）。并参考《序言 智库社区的变革》（『序説 シンクタンク・コミュニティの変革に向けて』）（中村尹），《智库的方向性和政策研究》（『シンクタンクの方向性と政策研究』），《NIRA政策研究 2001年》（Vol. 14, No. 4）。

本书介绍的智库、团体等的网址

第一章

· 东西方中心（East-West Center），http://www. eastwestcenter. org/

第二章

· 综合研究开发机构（National Institute for Research Advancement，NIRA），http://www. nira. go. jp/menu2/index. html

· （社）亚洲论坛·日本，http://asianforum. jp/

· （社）科学技术和研究会，http://www. jates. or. jp/

· （财）日本国际论坛，http://www. jfir. or. jp/j/index. htm

· 笹川和平基金会（SPF），http://www. spf. org/

· （财）日本国际交流中心，http://www. jcie. or. jp/japan/

· 日本基金会，http://www. nippon-foundation. or. jp/

第三章

· 兰德公司，http://www. rand. org/

· 胡佛研究所，http://www. hoover. org/

· 世界资源研究所（WRI），http://www. wri. org/

· 世界观察研究所，http://www. worldwatch. org/

· 加图研究所，http：//www. cato. org/

· 阿斯彭研究所，http：//www. aspeninstitute. org/

· 国际经济研究所、对外关系委员会，http：//www. cfr. org/

· 政策研究所，http：//www. ips – dc. org/

· 卡内基国际和平基金会，http：//www. carnegieendowment. org/

· 新美国世纪工程（PNAC），http：//www. pnac. info

· 美国民主党领袖委员会（DLC），http：//www. dlc. org/ndol_ci. cfm？Kaid = 86&subid = 85&contentid = 893

· 杜鲁门国家安全保障项目（TNSP），http：//www. turmanproject. org/

· 斯德哥尔摩国际和平研究所（SIPRI），http：//www. sipri. org/

· 瑞典国际问题研究所（SIIA），http：//www. ui. se/

· 荷兰国际关系研究所，http：//www. clingendael. nl/

· 法国国际关系研究所（IFRI），http：//www. ifri. org/

· 意大利国际关系研究所（IAI），http：//www. iai. it/

· 比利时欧洲政策研究中心（CEPS），http：//www. ceps. be/Default. php

· 德国经济研究所（DIW），http：//www. diw. de/deutsch/

· 汉堡经济研究所（HWWA），http：//www. hwwa. de/

· IFO 经济研究所，http：//www. cesifo – group. de/portal/

· 基尔大学世界经济研究所（IFW），http：//www. uni – kiel. de/ifw/

· 莱茵 – 威斯特伐利亚经济研究所（RWI），http：//www. rwi – essen. de/

· 哈雷经济研究所（IWH），http：//www. iwh – halle. de/

· 私立德国经济研究所（WI），http：//www. iwkoeln. de/

· 国际政治安全保障研究所（SWP），http：//www. swp – berlin. org/

· 德国外交政策协会（DGAP），http：//www. dgap. org/

· 费边社，http：//www. fabian – society. org. uk

· 鲍集团，http：//www. bowgroup. org

· 亚当·斯密斯研究所（ASI），http：//www. adamsmith. org/

- 经济问题研究所（IEA），http://www.iea.org.uk/
- 政策研究中心（CPS），http://www.cps.org.uk/
- 公共政策研究所，http://www.ippr.org.uk/
- 尼克萨斯（Nexus），http://www.netnexus.org/
- 史密斯研究所，http://wwww.smith-institute.org.uk/
- 保守政策论坛（CPF），http://www.conservatives.com/tie.do? def
= party.policy.forum.page
- 促进研究会，http://www.catalystforum.org.uk
- 欧洲改革中心，http://www.cer.org.uk
- 改革中心（CFR），http://www.cfr.org.uk
- 皇家国际事务研究所（RIIA），http://www.riia.org/
- 国际战略问题研究所（IISS），http://www.iiss.org/
- 经济政策研究中心（CERP），http://www.cepr.org/default_static.htm
- 宪法单位，http://www.ucl.ac.uk/constitution-unit
- 皇家联合服务研究所，http://www.rusi.org
- 格但斯克市场经济研究所，http://www.ibngr.edu.pl/index-correct.htm
- 社会和经济研究中心（CASE），http://www.case.com.pl/
- 经济发展中心（CED），http://www.cphr.sk/
- 公民研究所，http://www.obcinst.cz/
- 皮尤慈善信托基金会，http://www.pewcharitabletrusts.org/
- 城市研究所（UI），http://www.urban.org/
- 世界经济国际关系研究所（IMEMO），http://www.imemo.ru/
- 社会经济政治国际基金会（戈尔巴乔夫基金会），http://www.gorby.ru/
- 城市经济研究所（IUE），http://www.urbaneconomics.ru/
- 国务院发展研究中心（DRC），http://www.drc.gov.cn/
- 中国现代国际关系研究院（CICIR），http://www.cicir.ac.cn/en/

index. php

· 中国社会科学院，http：//www. cass. net. cn/

· 中国科学院，http：//english. cas. cn/

· 中华综合开发研究所（CDI），http：//www. edi. com. cn/en/index/

· 韩国开发研究院（KDI），http：//www. kdi. re. kr/

· 国土开发研究院（KRIHS），http：//www. krihs. re. kr/

· 韩国国防研究院（KIDA），http：//www. kida. re. kr/

· 外交安保研究院（IFANS），http：//www. ifans. go. kr/ie/ie_a004/ie

04. jsp

· 世宗研究所，http：//www. sejong. org/

· 三星经济研究所，http：//www. koreaeconomy. org/

· 希望制作所，http：//www. makehope. org/

· 参与连带（PSPD），http：//emg. pspd. org/

· "美丽基金会"，http：//www. beautifulfund. org/eng/sub02/01. jsp

· 马来西亚战略国际问题研究所（ISIS），http：//www. isis. org. my/

· 马来西亚经济研究所（MIER），http：//www. mier. org. my/

· 开发研究所（IDS），http：//www. ids. org. my/

· 沙捞越开发研究所，http：//www. sdi. com. my/html/pro_division-

al. html

· 伊斯兰理解研究所（IKIM），http：//www. ikim. gov. my/v5/index. php

· 政策研究所（IKD），http：//into. ikd. org. my/

· 政策研究中心（CPR），http：//www. usm. my/cpr/index. html

· 马来西亚战略研究中心（SRC），http：//www. nira. go. jp/ice/nwdtt/

2005/DAT/1222. html

· 东南亚研究所，http：//www. iseas. edu. sg/

· 新加坡国际问题研究所（SIIA），http：//www. siiaonline. org/

· 政策研究所（IPS），http：//www. ips. org. sg/

· 亚洲媒体信息和传播中心（AMICC），http：//www. amic. org. sg/

· 国立新加坡大学·东亚研究所，http：//www. nus. edu. sg/NUSinfo/EAI/

・印度尼西亚战略与国际问题研究中心（CSIS），http://www.csis.or.id/

・政策实施研究中心（CPIS），http://www.gdnet.org/middle.php? Oid＝211&zone＝org&action＝org&org＝846

・印度尼西亚战略研究所（ISSI/LPSI），http://www.lpsi.org/

・情报开发研究中心（CIDES），http://www.cides.or.id/

・印度尼西亚大学经济系（FE－UI），http://www.ui.edu/english/memu_statis.php? id＝gl&hal＝g_fe

・泰国开发研究所（TDRI），http://www.info.tdri.or.th/

・朱拉隆功大学安全与国际问题研究所，http://www.isisthailand.polsci.chula.ac.th/background/backgroundisis.htm

・菲律宾大学战略开发问题研究所（ISDS），http://www.upd.edu.ph/

・国际战略问题研究所（无网址等信息）

・文莱达鲁萨兰国政策和战略研究所（无网址）

・外务省国际关系研究所，http://www.mota.gov.vn/vi/

・中央经济经营研究所（CIEM），http://www.ciem.org.vn/vn/asp/Default.asp

・柬埔寨合作与和平研究所（CICP），http://www.cicp.org.kh/

・外务省外交问题研究所，http://www.mofa.gov.la/mfa_struc/Dept/Institute/Institute.htm

・缅甸战略与国际问题研究所，http://www.ibiblio.org/obl/docs/KMWroadmap104.htm

・台湾经济研究院，http://www.tier.org.tw/

・群策会，http://voanews.com/chinese/archive/2001－12/a－2001－12－03－19－1.cfm? Renderforprint＝1&textonly＝1&&TEXTMODE＝1&CFID＝104253794&CFTOKEN＝94096647

・台湾智库，http://www.roc－taiwan.or.jp/news/week/2033/105.htm

・国家政策研究基金，http://www.npf.org.tw/

・中华经济研究院，http://www.cier.edu.tw/kmportal－deluxe/index. html

　　·防卫政策分析研究所，http：//www. idsa. in/

　　·印度国家应用经济研究委员会，http：//www. ncaer. org/index. aspx

　　·政策研究中心（CPR），http：//www. cprindia. org/

　　·亚太安全合作理事会（CSCAP），http：//www. cscap. org/

　　·ASEAN 地区论坛（ARF），http：//www. mofa. go. jp/mofaj/area/asean/

arf/index. html

　　·亚欧会议（ASEM），http：//www. asem6. fi/、http：//www. mofa. go. jp/

mofaj/area/asem/index. html

　　·亚欧合作理事会（CAEC），http：//www. jcie. or. jp/japan/gt_caec/

index. htm

　　·（财）日本国际交流中心（JCIE），http：//www. jcie. or. jp/japan/

第五章

　　·（财）日本国际交流中心，http：//www. jcie. or. jp/japan/gt/index. htm

　　·东京基金会，http：//www. tkfd. or. jp/index. shtm、http：//www. tkfd.

or. jp/division/research/index. shtml

　　·日本公共政策学会，http：//www. soc. nii. ac. jp/ppsaj/

　　·政策分析网络，http：//www. policy － net. jp/

　　·日本政策情报学会，http：//policyinformatics. org/

　　·日本评价学会，http：//www. idcj. or. jp/JES/

　　·日本 NPO 学会，http：//www. osipp. osaka － u. ac. jp/janpora/

　　·日本志愿者学会，http：//www. popo. or. jp/vgakkai/

第八章

　　·内阁府国民生活局 NPO 网址 ，http：//www. npo － homepage. go. jp/

data/pref. html

·电子政府综合窗口行政信息门户网站 ，http：∥www. e-gov. go. jp∕

·美国国立科学基金会（The National Science Foundation，NSF），http：∥www. nsf. gov∕

·特定非营利活动法人经济智力论坛，http：∥el-forum. jp∕

·东京都品川区市民课 ，http：∥www. city. shinagawa. tokyo. jp∕jigyo∕06∕sidouka∕ikkan∕yohryo. html#shiminka

·早稻田大学日本桥校区金融教育“儿童市场营地”（kids market camp），http：∥www. waseda. jp∕NFC∕kids∕index. html

·东京都杉并区立和田中学“社会”（よのなか）课，http：∥www. wadachu. info∕koucho. html

参考文献

・Barry R. Rubin, 2000, *A Citizen's Guide to Politics in America*, M. E. Sharpe (鈴木崇弘監訳、『アメリカに学ぶ市民が政治を動かす方法』日本評論社［2002］).

・David Boaz、1997、『リバータリアニズム入門：現代アメリカの〈民衆の保守主義〉』洋泉社

・Diane Stone et al. , 1998, *Think Tanks Across Nations*, Manchester University Press.

・The Hope Institute, 2006, Think Tanks and the Search for Hope, the Hope Institute, Korea

・Ⅱ-Dong Koh, 1998, "Restructuring Korea's Think Tanks," *NIRA REVIEW*, Fall 1998.

・Japan Center for international Exchange［JCIE］& Institute of Southeast Asian Studies［ISAS］, 1995 "Emerging Civil Society in the Asia Pacific Community," *JCIE & ISEAS*.

・Jeffrey Telegarsky & Makiko Ueno, 1996, "Think Tanks in a Democratic Society：An Alternative Voice," The Urban Institute.

・Phar Kim Benf, 2006, Think-Tanking The East Asian Way：Strengths And Weaknesses, *Far Eastern Economic Review*, September.

・R. Kent Weaver & Paul B. Stares（ed.）, 2001, "Guidance for Governance Comparing Alternative Sources of Public Policy Advice," Tokyo, Japan Center for International Exchange.

・Takahiro Suzuki, 1997, "Call That A Think Tank?" *Look Japan*, August 1997.

——1997, "Raising the Bar：Redefining Relations Between the Individ-

ual and the State in Japan," *NIRA Review*, Winter 1997, Tokyo, National In-
stitute for Research Advancement.

・アーバン・インスティテュート編　上野真城子監訳　［1995］
『政策形成と日本型シンクタンク』東洋経済新報社

・朝日新聞社［2001］『特集・竹中平蔵にできることできないこ
と』論座 2001 年 10 月号

―――［2002］「銀行の天敵『竹中平蔵』研究」「世界ブリーフィ
ング」週刊朝日 11 月 15 日号

―――［2005］「『民』の頭脳を鍛えよう」朝日新聞 1 月 14 日付

―――［2005］「兵馬争乱の中（窓　論説委員室から）」朝日新聞 8
月 12 日付

―――［2005］「動かぬ? 政党シンクタンク –『脱霞ヶ関』進める
はずが…」朝日新聞 12 月 20 日付

―――［2006］「安倍政権研究 – 所信表明 –」朝日新聞 9　　月 30
日付

・新しい日本をつくる国民会議（21 世紀臨調）［2001］『「首相主
導」を支える政治構造改革のあり方 ~ 与党審査の見直しと内閣、政
党、国会の再構築 ~ 』新しい日本をつくる国民会議（21 世紀臨調）

・阿部斉ら編［1999］『現代政治学小辞典〈新版〉』有斐閣

・ESP［1997］『日本のシンクタンク』ESP1997 年 9 月号（No. 305）
経済企画協会

・飯島勲［2006］『小泉官邸秘録』日本経済新聞社

・石田肇［1996］「制度の見直しと情報公開を急げ」THIS IS　読
売 8 月号

・井出康博［2004］『松下政経塾とは何か』新潮新書

・伊藤博敏［2006］「安倍新政権誕生―経済政策が不安視される
安倍政権が『官邸主導』で目指す改革継続の茨道」EL NEOS 10 月号

・上野真城子［1997］「『霞ヶ関シンクタンク』への批判と提案」
幕張アーバニスト 1997 年 3 月　幕張アーバニスト HP（http://
www. makuhari. or. jp. urbanist/）

―――［2004］「米国の政策分析と日本が学ぶべきこと」政策分析
ネットワーク『季刊政策分析』第 1 巻第 1 号

・大田弘子［2006］『経済財政諮問会議の戦い』東洋経済新報社

・岡三証券［2001］「シンクタンクの役割」月刊アデッソ（岡三
証券広報誌）9 月号

・小川和久［1993］『「頭脳なき国家」の悲劇』講談社

・加藤洋一［2007］「ワールド　くりっく」朝日新聞 1 月 25 日付

・姜尚中［2006］『愛国の作法』朝日新書

・菊池雅志［2003］「『政治家』竹中平蔵　本当の実力」文芸春秋 11 月号

・蔵研也［2007］『リバタリアン宣言』朝日新書

・ヒラリー・ロダム・クリントン（著）、酒井洋子（訳）［2003］『リビング・ヒストリーヒラリー・ロダム・クリントン自伝』早川書房

・久保文明編著［2003］『G・W・ブッシュ政権とアメリカの保守勢力—共和党の分析』（財）日本国際問題研究所

―――［2005］『米国民主党』（財）日本国際問題研究所

・黒沢善行［2002］『政策研究市場の日米比較～経済財政市民会議と国家経済会議の比較を中心に～』黒沢善行氏立命館大学大学院政策科学研究科修士論文

・黒沢善行・佐々木孝明・高橋久恵・手嶋彩子［2002］「経済財政諮問会議の課題」季刊未来経営 2002 年春季号　フジタ未来経営研究所

・光華［2004］「シンクタンク百家争鳴の時代　その歴史的背景と今後」2 月号

（http://www. sinorama. com. tw/jp/cuttent-issue/）

・江迅「江沢民のシンクタンク『脳庫』の実力」中央公論 1998 年 8 月号

・国分良成編著［1997］『日本、アメリカ、中国—協調のシナリオ』T　B　S　ブルタニカ

・小林秀夫［2005］『満鉄調査部「元祖シンクタンク」の誕生と崩壊』平凡社新書

・公益法人協会［2002］『調査研究事業「21 世紀の公益法人と制度のあり方を探る」中間報告書』財団法人公益法人協会

・酒井三郎［1992］『昭和研究会—ある知識人集団の奇跡』中公文庫

・佐竹茂・緒方功治・佐々木孝明・松崎豊［2002］「政策秘書座談会　官僚依存の政策決定システムを見直す」言論 NPO　3 月号

・サラモン・レスター・M　など（著）、今田忠（訳）［1996］『台頭する非営利セクター』ダイヤモンド社

　　・産経新聞［2002］「中林美恵子・経済産業研究所研究員　進まぬ小泉改革　立法機能の強化必要」4 月 29 日付
　　・塩崎恭久［2003］『日本復活―「壊す改革」から「つくる改革」へ』プレジデント社
　　・塩田潮［2005］「竹中平蔵の挑戦…政治を目指した学者の軌跡」論座 11 月号　朝日新聞社
　　・ジェームズ・A・スミス［1994］『アメリカのシンクタンク―大統領と政策エリートの世界』ダイヤモンド社
　　・下河辺淳監修［1996］『政策形成の創出……市民社会におけるシンクタンク』第一書林
　　・自由民主党国家戦略本部・国家ビジョン策定委員会［2002］『政治システム　「個別利害調整・サービス型」から「理念に基づく国家戦略・国家経営型」政治へ』自由民主党
　　・城山英明ら［1999］『中央省庁の政策形成過程―日本の官僚制の解剖』中央大学出版部
　　――［2002］『続・中央省庁の政策形成過程―その持続と変容』中央大学出版部
　　・神野直彦ら［2005］『危機を超え共生社会へ』良い社会をつくる公共サービスを考える研究会・公務公共サービス労働組合協議会
　　・鈴木崇弘［1996］「国境を越える『知の戦車』群」THIS IS　読売 8 月号
　　――［1999］「シンクタンク」アエラ 11 月 8 日号　朝日新聞社
　　――［2000］「本格的シンクタンクの創設を」フォーサイト 2000 年 3 月号　新潮社
　　――［2000］「米国シンク・タンクで活躍する日本人群像」国際開発ジャーナル 3 月号　国際開発ジャーネル社
　　――［2002］「政策研究のあり方」FIF Report No. 5 – 1 Feb. 2002 フジタ未来経営研究所
　　――［2002］「日本のシンクタンク　その現状と展望」週刊東洋経済 9 月 21 日号　東洋経済新報社
　　――［2003］「『政治参加』の授業を義務教育で!」コラボ　vol. 1 7 月 1 日
　　――［2005］「政策シンクタンク」朝日新聞 Be 紙　2 月 5 日号
　　――［2005］「日本に新しい政策形成システムをつくろう」論座 5 月号　朝日新聞社

——［2005］「なぜ今、政党シンクタンクなのか」NPOジャーナル7月号

——［2005］「政策インフラの構築を急げ」（特集「政策シンクタンクをつくろう」）週刊エコノミスト7月19日号　毎日新聞社

——［2006］「自民党系シンクタンクの意味と意義」広報誌「国政ひろば」（財）国民政治協会（http://www.kokuseikyo. or. jp/hiroba/index. html）1月号

——［2006］「民主主義を"起業"し、日本をよくしたい」週刊エコノミスト2月7日号　毎日新聞社

——［2006］「サポート体制拡充を」毎日新聞「論点…『首相官邸機能の強化』を考える」10月21日付

・鈴木崇弘ら編著［2005］『シチズン・リテラシー…社会をよりよくするために私たちにできること』教育出版

・鈴木崇弘・上野真城子［1993］『世界のシンク・タンク…「知」と「治」を結ぶ装置』サイマル出版会

・世耕弘成［2006］『プロフェッショナル広報戦略』ゴマブックス

——［2006］『自民党改造プロジェクト650日』新潮社

・総合研究開発機構インフォメーションセンター［1986.7］報告書「政策研究と情報」

・高橋歩、佐藤大吾、ドットジェイピー［2003］『オモシロキコトモナキ世ヲオモシロク』サンクチュアリ出版

・竹越与三郎［1914］『人民読本』（大正3年版）

・竹中堅治［2006］『首相支配・日本政治の変貌』中公新書

・竹中平蔵監修　東京財団編［2001］『日本再生へのトータルプラン　政策課題2001』朝日新聞社

——著［2006］『構造改革の真実　竹中平蔵大臣日誌』日本経済新聞社

・立花隆［2005］『天皇と東大　大日本帝国の生と死　上・下巻』文芸春秋

・田中一昭＆　岡田彰［2002］『中央省庁改革』日本評論社

・田原総一朗［2007］『小泉官邸の真実　飯島勲前秘書官が語る!』オフレコ! 別冊（アスコム刊）

・田村重信［2005］『なぜか誰も書かなかった民主党研究』成甲書房

・田村秀［2004］『政策形成の基礎知識』第一法規

　・通商産業省編［1988］『産業技術の動向と課題…「21世紀を支える技術革新」への率先的挑戦と国際貢献』通商産業調査会

　・DV法を改正しよう全国ネットワーク編著［2006］『女性たちが変えたDV法』新水社

　・寺町みどり［2002］『市民派議員になるための本―立候補から再選まで』学陽書房

　・東急総合研究所［2001］『「シンクタンク」特集号』TRI-VIEW 12月号

　・経済産業研究所［2002］フィランソロピー研究会報告書『良い国のガバナンスを求めて』

　・中川秀直［2006］『上げ潮の時代～GDP1000兆円計画～』講談社

　・ニールセン・ワルデマー・A（著）、林雄二郎（訳）［1984］『アメリカの大型財団企業と社会』河出書房新社

　・西田睦美［2006］「安倍新総裁が頼りにする政党シンクタンクの実力は?」『EW FLASH』日経EWプレ創刊号　日本経済新聞編集委員

　・日本経済新聞［2006］「政策を政党の手に　自民・民主のシンクタンク始動」6月1日付（夕刊）

　――［2006］「―風見鶏―　母をたずねて三千里の教訓」2006年8月20日付

　・日本国際交流センター［1998］『アジア太平洋のNGO』アルク

　・ハトリー・ハリー・P（著）、上野宏 ＆　上野真城子（訳）［2004］『政策評価入門―結果重視の業績測定』東洋経済出版社

　・一橋総合研究所［2003］『金融市民革命―金融の根幹を官から取り戻せ!』実業之日本社

　・藤田紘一郎著［2002］『コレラが街にやってくる―本当はコワーイ地球温暖化』朝日新聞社

　・古川俊一 ＆　毛受敏浩編著［2002］『自治体変革の現実と政策』中央法規

　・毎日新聞［2006］「シンクタンク：自民党系事務所開設『脱官僚政治』目指し」6月5日付

　――［2006］「安倍人脈　次期政権像を探る―ブレーン政治―」8月29日付

　――［2006］「安倍氏　官邸強化2段階で」9月14日付

・前田和男［2004］『選挙参謀―三ヶ月で代議士になれる！』太田出版

・三輪裕範［2003］『アメリカのパワー・エリート』ちくま新書

・村上龍［2005］『半島を出よ　（上・下巻）』幻冬舎

・目加田説子編著［1998］『地雷なき地球へ―夢を実現した人々』岩波書店

――［2002］『ハンドブック　市民の道具箱』岩波書店

――［2003］『国境を超える市民ネットワーク―トランスナショナル・シビルソサエティ　RIETI経済政策分析シリーズ』東洋経済新報社

――［2004］『地球市民の最前線―NGO・NPOへの招待』岩波書店

・山口二郎［2005］『ブレア時代のイギリス』岩波新書

――［2004］『第五の権力　アメリカのシンクタンク』文春新書

――［2004］『判断力はどうすれば身につくのか―アメリカの有権者教育レポート』PHP新書

・吉原欽一編著［2000］『現代アメリカの政治権力構造』日本評論社

――［2005］『現代アメリカ政治を見る目―保守とグラスルーツポリティクス』日本評論社

・レイモンド・ストライク［2002］　『Managing Think Tanks：A Practical Guide for Maturing Organizations』

・渡辺将人［2001］『アメリカ政治の現場から』文春新書

〔其他〕

・総合研究開発機構（NIRA）http://www. nira. go. jp/menu2/index. html 这里有日本国内外智库的相关信息

・日本のカイシャ、いかがなものか！日本のカイシャ、いかがなものか！

http://www. ne. jp/asahi/shin/ya/

・JANJAN NPO型インターネット新聞　http://www. janjan. jp/

・アメーバブログ「選挙リサーチ」http://ameblo. jp/blog-research/

・テクノラティ・ジャパン http://www. technorati. jp/home. html

・ブログピープル http://www. blogpeople. net/TB _ people/tbp

_3505. html
　・総選挙はてな http://senkyo. i. hatena. ne. jp/
　・goo ブ ロ グ 「2005 衆議院選挙特集」 http://news. goo. ne. jp/specials/2005/elex/
　・goo ブ ロ グ 「緊急ブログアンケート」 http://blog. goo. ne. jp/election2005/
　・ライブドアウィキ 「政治・選挙ウィキ」
　http://wiki. livedoor. jp/seijisenkyo/d/FrontPage
　・投票に行こう! http://www. doyukai. or. jp/politics/index_2. html
　・構想日本 「政治家・政策データベース」 http://db. kosonippon. org/
　・議員インターンシップ　ドットジェイピー [. jp] http://www. dot-jp. or. jp/
　・I-CAS (市民と政治をつなぐ NPO 法人) http://www. i-cas. org
　・法人 「ライツ」 http://www. rights. or. jp/
　・SEIRON http://seiron. org/
　・選挙情報専門サイト 「election」の「エレログ」 http://www. e-lection. co. jp/
　・ヤフーの選挙特集 http://election2005. yahoo. co. jp/
　・選挙演説聞きたい! http://www010. upp. so-net. ne. jp/iwao-osk/enzetu/
　・泉あいさんのブログ 「Grip Blog」 http://www. surusuru. com/news/
　・グロービスの堀社長ブログ http://blog. globis. co. jp/hori/
　・「YES! プロジェクト」 http://www. yesproject. com/
　・町工場社長・緑川賢司氏のブログ
　http://minaro. cocolog-nifty. com/mog/2005/08/post_c263. html
　・マニュフェスタ 【衆院選 2005】 政策比較コンテンツ http://www. manifesta. jp/
　・政策過程研究機構 (PPI)：第 44 回衆議院議員選挙に対する 20 代〜30 代の意識調査結果
　http://www. ppi. or. jp/researchpaper. html
　・「選挙で GO」 http://homepage3. nifty. com/makepeace/
　・マニュフェスト占い http://mani-uranai. com/
　・政策コミュニケーションプラットフォーム http://www. seisaku. jp/shu2005/

· 選挙 GyaO http://www. gyao. jp/election/

· ビデオニュース・ドットコム http://www. videonews. com/

· 価格. com http://www. kakaku. com/article/sp/05election/

· All About http://allabout. co. jp/career/politicsabc/

· 比較 All http://www. hikakuall. jp/

· そうだ、選挙、行こう　http://www. f. la/archives/2005/08/post _9. php

· 未来ほっとかないプロジェクト

http://mirai-hottokanai. jp/blog/archives/2005/08/post. html

· 「マニフェストを読んで選挙に行こう。」プロジェクト

http://www. manifesto-senkyo. jp/

· Yahoo! みんなの政治 http://seiji. yahoo. co. jp/

· ネット参謀　http://voicejapan. weblike. jp/modules/eguide/event. php? eid = 3

· 政治家証券市場（ポスダックウォッチジャパン）http://www. posdaq. org/

· ザ・選挙 http://www. senkyo. janjan. jp/

· 敏腕秘書 https://binwan. jp/

· リアヨロ（リアルタイム世論調査）http://www. yoronchou-sa. net/

· 霞ヶ関構造改革・プロジェクト K http://projectk. jp/

· 官民協働ネットワーク CROSSOVER21 http://crossover21. com/main/

· TRIgger Lab http://crossover21. com/main/　など

· 鈴木崇弘のブログ blog: http://blog. goo. ne. jp/taka_hero_2005/

（順不同）

附　录

日本になぜ（米国型）シンクタンクが育たなかったのか？

季刊　「政策・経営研究」2011　VOL. 2

日本为何无法建成美国式智库？

通过回顾日本政治制度和智库历史，并结合笔者自身创建和运营智库的经历，本文考察了"日本为何无法建成美国式智库"问题，并得出结论：这一问题与日本不具备运营民主主义制度的基础设施及社会环境有关。美国式智库不应只看成是单纯的一个个组织，它是民主主义的工具或装置，其存在离不开支撑它的社会环境及制度。日本缺乏这样一个看问题的视角，因而无法建成美国式智库。但是，笔者的经验表明，日本也具备建成美国式智库的可能性。为了改革日本政治和政策制定现状，构建日本社会治理新模式，笔者主张应充分重视日本现在正需要美国式智库以及智库产业和市场这一观点，与此同时，还提出了实现这一目标的具体建议。

近二十年来，笔者致力于在日本创建民间非营利独立型智库（也就是美国式智库）。对笔者来说，"日本为何无法建成美国式智库"这一问题，好似在追问自己为什么没有把这一事情做好，同时也是在反省自己迄今为止的所作所为。

日本无法建成美国式智库实际上与日本政治制度或体制的

历史，以及智库概念引进的方式有关。下面，笔者将结合自身经验，从这个视角回答本文的问题。

1. 日本的历史性视角

有学者认为日本引进智库这一研究组织的概念发生在 20 世纪 60 年代中期前后。但这一观点只是从组织形态的角度，而不是从社会功能的角度来说的。换言之，它并未意识到智库概念还包括培育智库的周围环境。

这其实关系到日本政治制度的历史。

战后开启的日本民主主义政治制度，是日本战败后从外部被强行移植过来的。行政部门与战前一样，仍旧承担了政策制定的大部分工作。

明治时代以后，日本确立了以行政为中心制定政策、管理国家的体制。后来设立的议会，是对这一体制的补充。以战败为契机，诞生了现行的日本国宪法。宪法规定主权在民，国会是国家的最高权力机关，是国家唯一的立法机关。但是，实现民主主义制度的政策基础设施和体制实际上并未建成，实际情况与战前并无二致，行政中心的政策制定体制持续至今。

这样的体制之所以持续自有其原因。战后，特别是战争刚刚结束时，政策制定、政治制度以及行政机构，并不像现在这样僵化。而且，当时的日本处于追赶阶段，海外存在学习榜样，优秀专家型官僚主导下的行政中心的政策制定，与明治等时代一样，起了相当有效的作用。

其成果体现在日本经济实现了极大增长。但与此同时，增长的结果也带来了各种各样的问题和弊病，特别是公害和城市问题等。

2. 智库诞生与前三次智库热

在这种情况下，有必要建立与过去不同的社会发展新体制。

政府以及当时执政的自民党都需要在行政之外能够进行政策研究和政策建言的智库组织。

此外，为了不唯官命是从，越来越多金融界人士意识到需要创造一个环境，让那些能够独立制定政策的人才或机构有机会开展更广泛的社会性活动。其表现就是由当时经济金融界实力大佬，日本兴业银行前董事长中山素平（文中省略敬称。以下同）和东京电力前社长，兼经济同友会代表干事木川田一隆等人提出的"一千亿日元基金会构想"等。

表 1　从智库热看日本智库的历史

智库热　　标准	年代	主要智库	备注
第一次	1970 年前后	野村综合研究所（1965 年），社会工学研究所（1969 年），三菱综合研究所（1970 年），未来工学研究所（1971 年）等	1970 年为智库元年
第二次	20 世纪 80 年代后半期	金融·保险、制造业、地方银行系统智库的设立	非营利主体，开始关注 NPO
第三次	20 世纪 90 年代前半期	自治体主导成立的智库 *	
第四次	1997 年前后	民间非营利独立型智库的成立 **	2004 年前半期结束
第五次（?）	2005 年前后	政党型智库的成立	没有形成高潮 2009～2010 年实质性消亡
第六次	2007 年前后	多元化（企业、独立型智库等）***	

　　注：* 高知、宫城、新潟、鹿儿岛县、名古屋、堺市等；

　　** 东京基金会、构想日本、二十一世纪政策构想论坛、二十一世纪政策研究所、藤田未来经营研究所等；

　　*** 国际公共政策研究中心（2007 年 3 月）、佳能全球战略研究所（2008 年 12 月）、国家基本问题研究所（2008 年 12 月）、理光经济社会研究所（2010 年 4 月）、亚洲太平洋研究所（API）构想以及其他。

　　资料来源：笔者制作。

以这样的社会性需求为背景，如表 1 所示，在 1970 年前后，成立了一批后来被称为日本主要智库的组织，如野村综合研究所（1965 年）、社会工学研究所（1969 年）、三菱综合研究所（1970 年）、未来工学研究所（1971 年）等。1970 年被称为智库元年，这一时期被称为"第一次智库热"。

这一时期的智库，除个别外，大多数是为了获得国土开发、交通计划、环境保护相关的政府委托项目而成立的。这与前述的日本发展阶段有关。

与此同时，政界对可能的政权交替有了危机意识，以金融界为首，社会对智库的期待不断提升。1974 年，综合研究开发机构（NIRA）成立。NIRA 是在政界、金融界、中央政府及地方自治体的合作下建成的。但它不是一个从事研究或建言的组织，而是通过为"面向 21 世纪的课题"等综合项目提供研究经费，培养政策研究协调员，为培育日本智库组织做出了贡献。大平政权时代，NIRA 作为事务局，在环太平洋合作构想和田园都市构想等政策构想提出的过程中，发挥了中心作用。

1973 年 4 月，第四次中东战争爆发。以此为契机，引发了石油危机以及之后的经济萧条。在这种情况下，以民间为服务对象的一些智库陷入低迷，结果在业务上加大了对中央或地方政府的依赖。

在这种情况下，也出现了智库的各种尝试。例如，1975 年，以经济同友会出身的广田一为中心，成立了政策构想论坛，从经济界的视角开展独立研究和建言活动；1972 年，为支援以江田三郎为中心的日本社会党结构改革派，现代综合研究集团成立，从革新的立场开展政策建言活动。70 年代还成立了一些独立型的中小智库，特别对地方政策的制定产生了一定影响。

80 年代后半期，金融保险业、制造业、地方银行系统纷纷设立智库，形成了"第二次智库热"。后来，泡沫经济破裂使得这些产业领域的智库热一度冷却下来。为了应对这种情况，以民间智库为中心，从扩大收益结构，谋求经营稳定的目的出发，在研究活动之外，又增加了咨询及系统集成业务。野村综合研究所就是一个典型。

到了 90 年代前半期，在地方自治体主导下又成立了不少智库。这些智库情况各异，有的是另立门户，有的是在内部增设，还有的是在原有组织之上增加了一个智库性的功能。这一时期可称为"第三次智库热"。

【整体的补充】

·从国际上看，智库从一开始就是民主主义的武器和工具。但日本智库并没有发挥这样的作用和功能，只是单纯的调查研究机构。作为调查研究机构，它们的社会作用发挥得很出色，这也是事实。

·大约到第四次智库热以后，智库才开始为信息源的多元化生产以及民主主义做贡献。

·日本只把智库看作组织，却很少从社会必要性的角度来思考智库活跃所需的土壤和环境①。

·日本智库协会、地方智库协会等智库互助团体成立。这些组织本应通过自己的活动，为促使日本政策制定过程更加民主化，强化和增进智库成员的作用，形成智库市场和产业，发

---

① 经济同友会在 2008 年 4 月提出了"竞选纲领时代的行政体制和'政策市场'的建构——向国民展示透明的政策论争，实现真正的民主主义"这一将政策市场的建构纳入视野的建言。

挥诸如创造社会环境、健全法律制度等社会性作用，但是，这一作用并没有得到有效发挥。

　　·若干类型

　　虽然日本智库的社会影响力并不大，但其中，笔者还是可以举出几类比较发挥作用的智库类型。

　　①"（财团法人）东京市政调查会"型（经费来源稳定）（A）。

　　拥有自己的大楼。研究和活动经费来自租户或会场租金。后藤新平创设。安田善次郎提供资金。专业领域有城市政策等，属专卖店型。

　　②"PHP综合研究所"型（经费来源稳定）（B）。

　　PHP综合研究所是PHP研究所的政策智库，研究和活动经费来自PHP研究所的出版收益。松下幸之助创设。综合研究所的特色是有固定研究员和研究会活动以及提出政策建言。也有议员参与研究会。还有来自议员个人的研究委托。研究领域跨政治、管理、行政、安全保障、社会福利、教育、经济等多方面。其规模虽小，却是百货店型。

　　③"（财团法人）日本国际论坛"型（依靠会费、论坛收入）。

　　企业、有识之士、行政、议员、媒体共同参与的论坛型智库。以美国的对外关系委员会为榜样。运营经费依靠企业会费收入（主要经费来源）及个人会员会费。理事、评议员以及政策委员会委员均出自企业会员。他们提供资金的同时，也参与活动。参加的企业中，由核心成员组成财务委员会，负责吸纳企业参加、管理资金等工作。过去仅是管理研究会和政策委员会，提出政策建言，现在逐渐增加了固定研究员的数量。研究领域以国际关系相关的广义的政治与经济两个领域为中心。设立者为服部一郎（时任精工爱普生社长）、大来佐武郎（前外务大臣）、伊藤宪一（前青山学院大学教授）。有三位核心成员。

政策建言也用英文发表，所以海外评价很高。周围还有若干关联组织。例如，全球论坛（原为"四极"论坛）、东亚共同体协会等。以前还和 NPO 法人日本纷争预防中心有关系。这些组织的运营依靠的也是企业会费、基金会辅助金等。

④ "东京基金会"型（依靠基金会自己的收入）。

在日本，如果没有独立基金，就很难从事独立的政策研究。这是日本资金状况造成的。基于这个现状，该基金会在积累相应规模基金的计划下成立。但是，有了基金后，因为没有机会通过委托研究等获得社会评价，便存在经营不善、实施无意义研究的风险。成立之初的头四年左右，竹中平藏是头面人物。作为"隐形官邸"，曾草拟首相就职演说等。现任理事长为前大藏省官员加藤秀树。

⑤ "构想日本"型（政策游说）。

致力于提出网络型政策建言。不重视研究。采取政策建言加工方式。积极应对媒体。依靠核心成员的支持以及会费收入（个人会员有五六百人。每年会费一万日元）

表 2　日本"智库"的特征及课题

要点/智库	日本	世界
对象	微观（政策）	宏观政策
组织形态	营利（企业）	非营利
多元性	受母公司或委托方束缚。对多元性无贡献	对多元性有贡献

资料来源：笔者自制。

⑥ "二十一世纪政策研究所"型（组织的一部分）。

经济团体联合会的下属机构，具有相对的独立性。过去以独立研究为中心，有若干名固定研究员和借调研究员。现在则以委托研究为中心，以大学教师为研究骨干。整个组织关系复杂。

（补充）海外智库

· 美国是智库圣地。

· 德国是智库大国。

· 英国智库规模小，但数量可观。

· 亚洲各国与过去相比，智库数量也有所增加，多元化程度提高。政府型智库也比较多。中国（近年出现了民间智库）、韩国是亚洲的智库大国。

第三次智库热之前，日本智库及其活动是怎样的呢？其一般特征如下。

①主流是营利法人。

②组织仅靠研究无法维持。

③对母体企业、母体组织的依存度高，独立性低。

④研究期间较短。

⑤研究成果大多不公开。公益性不高。

⑥集中在东京。

⑦只能从事有资金来源的研究。

⑧规模小。

⑨缺乏对国际问题的探讨。

⑩基于专业性的高质量的政策研究极少。

⑪鲜有对政策制定过程产生重大影响的研究。

从这些智库的特征及其引入日本的过程可以看出，日本智库不是为了彻底改变以行政为中心的政策制定和政治体制，而只是作为既有体制和制度的补充。其结果造成人们多是从单个组织的角度，而不是从社会作用的角度来思考智库。从接下来要讲的与海外智库的对比中，这一点将体现得更为明显。

3. 与海外智库的比较

考察海外智库，特别是美国智库的例子和历史，兼做实地调查就会发现，智库从一开始就是一种从事公共政策研究的机构，是连接"知"（学问、见识）与"治"（政治、政策）的知识战车，是政策制定必须信息透明化和多元化的民主主义（社会）的武器和工具，是制定政策时确保政治上信息源多元的知识基础设施之一。通过智库的活动，不仅是政治家和政府部门，以企业和选民为首的民间角色也能参与政策的制定。

尽管方式和方法五花八门，海外民主主义社会或国家都在构建确保政策制定过程中政策信息多元化的知识基础设施。美国智库（以民间非营利独立型为主）更是这样一个重要机构或装置，其作用对运营民主主义社会来说不可忽视，其必要性无须论述。

然而，如前所述，至少在 20 世纪 80 年代以前，与海外（特别是美国）智库不同，极少有人认识到日本智库是民主主义的工具，人们把视角集中在单个组织如何维系上，并未超出调查研究机构的范围。

换言之，日本金融界、经济界或企业界在培养智库方面虽也曾有过一定程度的努力，但是主要都是从组织的角度，而不是从民间或政治的角度，从更宽广的社会或政治的角度（社会治理的角度），也就是从民主主义社会中"来自政府以外的政策选项"的必要性，乃至智库必要性的角度来加以讨论。政策研究在现实中是难有收益的活动，仅从单个组织的角度是无法应对的。本来，为了将日本建设成为重视多元主体参加的民主主义社会，我们应该从社会治理的角度来讨论怎样创造或保障民间非营利独立型智库的活动，但几乎未曾这样做过。正因为如此，日本无法建成美国式智库。

如前所述，造成如此结果的最大原因之一是，日本虽然是民主主义体制，但依然保持着行政中心的政策制定模式。因为政府考虑的是如何通过改革来维持旧有的政策制定模式，所以最终只能从组织增设或组织概念本身的角度来思考智库。也就是说，欠缺从社会治理的角度思考智库。只有环绕、孕育、培养智库组织的社会环境（资金、人才、信息、组织、法制的完备等）存在，作为民主主义工具或武器的智库以及它的产业和市场才能在社会上发挥作用，获得成长。因为不理解这一点，才没有为培育这样的环境而努力。

在日本这一"民主主义"的大地上，笔者试图尽心尽力地培植智库这株小苗，然而由于这片土地的养分（民主主义的程度）不足，小苗没能成长为它本来的样子（美国式智库），却变成了不一样的东西。

4. 新动向

但是，日本也有了令人刮目相看的新动向。

1990年前后，经济进一步发展和进化，泡沫经济的产生及崩溃，以及与此相伴的社会老龄化，使得政府官员或行政部门主导下社会管理的问题和局限在日本日益显现。

到了这时候，关于非营利部门和NPO的讨论开始兴起，社会民众或市民作用的重要性开始被提及。尤其是泡沫经济崩溃后的1995年，阪神淡路大地震发生之后，在灾区重建过程中，志愿者活动及市民的各种活动发挥了巨大作用，对NPO、NGO活动及其社会作用重要性的认识得到了提高。

可以说关于非营利部门的这些讨论之所以兴起，正是因为在社会老龄化和泡沫经济及其崩溃的过程中，行政（官员）主导的社会运营暴露出了问题和局限。

5. 20 世纪 90 年代的智库发展

此时的智库发展与笔者参与的智库活动也是连动进行的。

在 NIRA、国会议员政策小组以及日本智库等工作的过程中，笔者注意到了日本政策制定过程中政策研究和政策信息的肤浅与脆弱，以及过分依靠政府决策的问题。

为了解决这一问题，笔者开始思考能不能在日本创设一家像美国智库那样能够从民间立场独立进行政策研究和政策建言的机构，以使日本的政策制定获得多元化的信息源，变得更加公开、更加具有创造性。现在想来，这个想法与前述日本民间非营利活动受关注程度高涨，以及民间角色参与社会和公共活动必要性增强的状况也是连动的。

因此，在笹川和平基金会（SPF）工作的 1991 年，在美国实力智库城市研究所（UI）的合作下，笔者提出并实施了在日本创设独立型民间非营利智库（也就是美国式智库）的项目。作为项目的一环，笔者实地走访调查了世界 16 个国家的上百家智库。

在这一活动中笔者感受到，在日本，作为一般理论，即使人们理解并同意设立美国式民间非营利独立型智库，但因为不具备前述的社会环境，到了实际设立的时候，还是会出现资金困难。因此，笔者改为呼吁在日本设立拥有一定规模基金的智库。但现实中却迟迟找不到赞助者。

幸运的是，笔者后来争取到日本基金会等的理解，于 1997年设立了国际研究奖学基金会（后来更名为东京基金会。以下称东京基金会。http：//www. tkfd. or. jp/），它拥有日本首个真正独立开展智库活动的部门。

该基金会的成立是笔者从 1989 年前后真正开始创设智库活动后用时约八年才取得的成果。

以竹中平藏为中心，该基金会从事政策研究、政策建言以及参与政府的政权运营等活动。随着小泉政府的上台，竹中平藏通过政治任命出任了大臣，留下了类似美国智库的功绩，在政权更替时发挥了人才蓄水池的作用。

就像这样，东京基金会在一定程度上开展了类似美国智库的活动，其背景除了有资金作为后盾外，竹中平藏的存在感也很强。这有以下几个原因。

①竹中平藏是经济学家。政策研究主要以经济为主，这一专业性很重要。

②沟通能力。智库是民主主义社会政策制定的参与者，是社会性的存在。其代表人物应做到将政策相关的专业问题尽可能地向普通人讲清楚并使之印象深刻。也就是说，"沟通能力"非常重要。在这一点上，竹中平藏表现得非常出色。

③竹中平藏的社会认知度。政策由谁来讲至关重要。竹中平藏在媒体上很活跃，在社会上也是大名鼎鼎，这一点也很重要。

④竹中平藏在政策活动方面的企划能力和企业家精神。智库是提出并变革社会问题的组织或工具。为了运营智库，就必须具备不断变革以及实现变革的创意、才华和热情。

⑤最后就是本人的意愿。竹中平藏有过在美国智库活动的经验，一开始就有在智库工作的主观愿望。

在日本，美国式智库要起作用，拥有竹中平藏这样的人才非常重要。但是，现实当中，能够像竹中平藏那样发挥作用的人才，在当今的日本非常有限。

6.　与政策相关的各种动向

在这里，笔者要对当时东京基金会以外日本智库的状况做一个说明。

1997 年前后，如表 1 所示，日本正处于"第四次智库热"和"非营利智库热"当中。而且，这一年还正好是日本"民间非营利独立型智库元年"。

因为这一年尽管资金来源、规模、组织构成等各不相同，但从事民间非营利独立活动的组织接连不断地诞生。

例如，作为经济团体联合会的独立部门，以金融界视角为基础开展政策活动的"二十一世纪政策研究所"于同年 3 月成立；作为日本麦当劳原大股东藤田商店的一个部门，"藤田未来经营研究所"于同年 4 月成立；由市民运动发展而来立足草根进行政策建言的"市民立法机构"于同年 5 月成立；凭借来自日本基金会及赛艇相关资金，志在从事真正政策研究活动的"东京基金会"于同年 7 月成立；由前政府官员担任代表，从事政策游说活动的"构想日本"于同年 4 月成立；在以革新派学者和新闻记者为中心的人脉网络基础上从事政策活动的"二十一世纪政策构想论坛"于 1998 年成为特定非营利活动法人（通称 NPO 法人）；等等。

此外，作为民主党派政策研究和活动相关的组织，还成立了"市民制定政策调查会"（即所谓"市民政调"，2001 年 2 月成立）以及"智库网络中心 21"（2000 年 1 月成立，所长为东京大学名誉教授宇泽弘文）。

与以往的日本智库不同，这些智库以独立于行政和企业的方式，从事着以政策研究为首的与政策相关的各种活动，为政策制定的多元化或多或少做出了贡献。这些民间非营利独立型智库性组织作为一个群体出现，在日本智库史上还是第一次，具有划时代的意义。

可以预测，在不久的将来，日本也有可能像美国那样出现多个智库竞相提出政策替代方案，行政部门、立法机构和市民参与到更加公开、更具创造性的政策制定过程中来的景象，这不禁让人对智库市场和产业的诞生充满期待。

7. 智库之外的动向

与这些智库动向相向而行的是，20 世纪 90 年代后半期到 21 世纪头十年前半期，在日本大学（研究生院）、学会和法律界等领域，关于政策的种种变化发生了。

首先，90 年代以后，很多大学在本科阶段或研究生院开设了政策相关专业。

与此同时，日本公共政策学会（1996 年成立）、政策分析网络（1999 年成立）、政策情报学会（2005 年成立）、日本评价学会（2000 年成立）等政策相关学会陆续成立。另外，还诞生了日本 NPO 学会（1999 年成立）、日本志愿者学会（1998 年成立）等非营利活动相关学会。这些学会超越了过去以大学人才为核心的学会框架，吸纳了实务家的加入，并且将不同专业领域的研究者和实务家们联合起来，共同关注政策或非营利活动，只是作用尚有待充分发挥。

在法律和制度方面，出台了有可能改变以往政策框架的法律，成为政策相关的基础设施。

例如，"政策担当秘书制度"（1994 年）、《特定非营利活动促进法》（2003 年实施，即所谓 NPO 法）、《关于行政机关拥有信息公开的法律》（2001 年实施，俗称《信息公开法》）、《关于行政机关实施政策评价的法律》（2002 年 4 月实施，俗称《政策评价法》）等，陆续出台。

这些法律的配套代表了社会前进的方向，应该受到人们的欢迎，但现实中仍存在很多问题。例如，政策担当秘书制度实施后，几乎都是由长年担任公设秘书的人通过资格认定成为政策担当秘书，工资相对优厚使得政策担当秘书成了只有年长秘书才能升任的职位，这样就无法更有效发挥这一职位的本来作用，即提高议员制定政策的能力。

《特定非营利活动促进法》实施以后，有超过四万的法人（所谓 NPO 法人）进行了注册。但是，实际情况是，除老年人护理或环境问题等部分领域外，国家和民间的资金并未流向其他领域，很多组织都处于休眠状态或者并不活跃。

《信息公开法》颁布后，普通人有了获取行政信息的手段。但是，行政部门到现在也还没有朝主动对外公开信息做出大的转变。

《政策评价法》的实施的确值得欢迎，是社会的一大进步。但是，大多数的政策评价还是行政部门的自我评价，很难说它正在向更加客观的评价以及政策制定的完善发展。

以上反映了现实存在的很多问题，但在大学、学会以及法律界，这些联动发生的举措表明：虽然过程各不相同，但背后都与必须超越传统架构以变革日本社会的时代大潮流，对行政以外的主体参与政策制定及提高政策质量必要性的认识的提升、日本社会日益凸显的闭塞感及运用传统手段时的捉襟见肘之感密切相关。

8. 独立智库的活跃与成果

前面提到，1997 年前后成立了好几家独立型智库，即进行美国式活动的智库。那么，它们取得了哪些成果呢？笔者将以自己参与的东京基金会的实例为中心，举下面几个例子。

①"二十一政策构想论坛"在《借地借家法》修正上施加了直接影响。

②"构想日本"的活动对 1999 年 7 月中央省厅改革关联法施加了影响。创造了"划分项目实施主体"的手法并持续地开展活动。这一手法在民主党为中心的政权成立时得到有效运用。

③东京基金会还取得以下成果。

＊举办"模拟峰会"

为了使峰会发挥更有效的作用，并对国际社会的和平和安定做出贡献，一批政策方面的国际顶级专家，在峰会举办的大约三个月前，分别从参加峰会的八个国家齐聚主办国，共同讨论与该年度峰会议题相关的政策问题，并向参加国首脑提出政策建言。例如，2000 年九州·冲绳峰会上，就全球化、核扩散问题、国际金融稳定等经济与安全保障领域的广泛议题进行了高水平讨论，会议成果除作为政策建言提交给森喜朗首相外，还在记者会上发布。主要与会者有美国的亨利·基辛格（前国务卿），英国的列昂·布里坦（Leon Brittan，前欧盟副主席、前内务大臣），意大利的雷纳托·鲁杰罗（Renato Ruggiero，前WTO 事务总长），加拿大的芭芭拉·麦克杜格尔（Barbara Mc-Dougall，前外交部长），德国的卡尔·凯泽（外交政策协会研究所所长），日本的行天丰雄［（财团法人）国际通货研究所理事长］、船桥洋一（朝日新闻社编辑委员）、竹中平藏（东京基金会理事长、庆应义塾大学教授），法国的蒂埃里·德·蒙布里亚尔（Thierry de Montbrial，法国国际关系研究所所长），俄罗斯的鲍里斯·费奥多罗夫（Boris Fyodorov，前财政部长）等（职务为时任）。

＊举办国际互联网会议

2000 年 7 月，引领 IT 革命的美国、欧洲、日本以及亚洲其他的互联网创业领袖齐聚一堂，目的是向九州·冲绳峰会推送有关世界因特网最尖端潮流及未来展望的政策性意见。该会议总结的政策建言，提交给了时任本届峰会主席的森喜朗首相，并在峰会形成的《IT 宪章》中得到反映。主要的参会者有孙正义（软银集团董事长兼总裁）、约翰·钱伯斯（John Chambers，思科系统公司总裁兼首席执行官）、杰夫·P. 贝佐斯（Jeffrey Preston Bezos，亚马逊网络商店创办人／首席执行官）、杨致远（雅虎公司董事）、李泽楷（盈科集团主席兼首席执行官）、三木谷浩史（乐天总裁）、村井纯（庆应义塾大学教授）等。

＊森内阁的"政策特别工作小组"（TF）

2000 年夏天，为强化森内阁政策智囊的作用，TF 被组建。东京基金会为 TF 的事务局，目的是实现首相官邸主导下灵活的政策运作，向森内阁提出有关重要政策项目的建议。成员（职务为时任）有来自首相官邸的森喜朗（首相）、中川秀直（内阁官房长官，卸任后由福田康夫继任）、堺屋太一（经济企划厅长官）、安倍晋三（内阁官房副长官）；来自金融界的牛尾治朗（牛尾电机代表董事长）、樋口广太郎（朝日啤酒名誉会长）、水口弘一（野村综合研究所顾问）、宫内义彦（欧力士集团代表董事长）；还有具备学术经验的伊藤元重（东京大学教授）、竹中平藏（庆应义塾大学教授、东京基金会理事长）、村井纯（庆应义塾大学教授）等。

从同年夏天到 12 月，在无政府官员出席的情况下（一开始是排除官员列席的，后来才允许作为大臣秘书官的部分官员列席），小组成员几乎每周聚会一次（森首相也每月出席一次），商讨政策问题并向内阁提出政策方案。TF 还策划了 2000 年 10

月森首相的就职演说。

＊政治任命人才辈出

2001 年，小泉政府诞生后，竹中理事长因政治任命就任内阁府特命担当大臣（金融·经济财政政策）。他是智库诞生的首位大臣。像美国式智库一样，日本智库也开始发挥人才蓄水池的作用。此外，以参与东京基金会政策活动的精英学者为中心，很多人才后来都与政府和政权建立了联系。例如，大田弘子（历任内阁府参事官、审议官、政策统括官，大田在安倍及福田内阁里出任经济财政政策担当大臣）、本间正明（历任经济财政咨询会议议员、事务局长）、冈本行夫（总理大臣辅佐官）、岛田晴雄（内阁特别顾问）、阿川尚之（驻美公使）、北冈伸一（前日本驻联合国副大使）、香西泰（历任"金融领域紧急应对战略项目小组"组长、"金融问题机动部队"成员、内阁府经济社会综合研究所所长）、岩田一政（历任内阁府政策统括官、日本银行副总裁）、伊藤隆敏（副财务官。现为经济财政咨询会议议员）、伊藤元重（邮政民营化有识之士会议成员、综合研究开发机构理事长）、吉田和男（金融再生项目策划制定项目组成员）等。

与东京基金会没有直接关系的其他人才还有滨田宏一（内阁府经济社会综合研究所所长）、月尾嘉男（总务厅总务审议官）等，他们曾由民间人士转变为公职人员（括号内为曾经担任的公职）。

综上所述，可以说在日本，如果有了资金和人才，也会出现与美国式智库相近的动向。但是，在日本能够拥有东京基金会那样的智库纯属例外。而且也不是说有这么一个智库的存在就可以解决所有问题。只有形成多家智库相互竞争、砥砺切磋的状况（也就是说形成智库的产业和市场）才行。但是，很遗憾日本现在仍未形成这样的状况。

正像前面曾多次指出的那样，这都是因为日本缺乏这样的视角，即从民主主义的视角出发，来认识智库作为运营该政治制度的社会性工具的必要性。

9. 之后的动向

以东京基金会为首，1997 年之后成立的民间非营利独立型智库，与之前成立的智库有很大的不同。因为这是来自民间的活动，完全不同于以往来自行政和企业的活动，说明了政策制定方面出现了新角色，是多元化的体现。

另外，行政部门也有了不同于以往的动向。（独立行政法人）经济产业研究所从母体经济产业省中被独立出来，从与其不同的角度进行政策建言。在这里，行政、大学及民间出身的研究者们相互砥砺切磋，间或提出与行政现行政策立场相异的建言，引起社会上的讨论及评价。在行政中心的政策制定为主流的日本，这一现象作为政策制定的一种多元化尝试，值得肯定。但是，该研究所因为后来所长的更换以及机构调整等也发生了很大变化，其行政部门政策信息多元化的一面退步了不少。

这些不同以往的动向在媒体上也多有报道，获得了很高的社会评价。作为主要动向的多家民间非营利独立型智库的设立，给政策制定带来了影响，为政策制定的多元化做出了贡献。也就是说，当时的日本智库看起来也已经在开始发挥民主主义工具的作用。

但是，由于支持这些组织和活动的社会性土壤、财政以及组织运营方面的基础条件还很薄弱，在它们实际扎根社会之前，包括这些组织和活动在内的日本智库，到了 2004 年前半年左右，就有的解散，有的实际上停止了活动，有的弱化，有的发生了转型。

具体来看一下。首先，日本的一般性智库中，比如，（株式会社）社会工学研究所（后来作为 NPO 法人重新设立）、（财团法人）国民经济研究协会、SAISON 综合研究所等，这些划时代的日本型智库被关闭；（株式会社）野村综合研究所在 2004 年 3 月，缩小了它的政策建言部门"研究创发中心"，剥离了宏观经济分析部门，将四十名经济学专家调往野村证券，实质上消解了自己作为智库的功能。

民间非营利独立型智库也发生了巨大变化。二十一世纪政策构想论坛因为少了实力赞助商的支持，活动进入了停止状态。二十一世纪政策研究所主要把项目委托给了外部，减少了自己做的研究。东京基金会尽管还在进行政策建言，但是已经缺乏那种整体统一性，以及利用研究成果变革社会的智库魄力。藤田未来经营研究所因为母公司经营体制的变化和经营困难也在2004 年 3 月关闭了。构想日本原本就是重在政策建言而非政策研究的组织。

就这样，从事独立政策研究活动，并在此基础上建言献策，给政策制定过程带来多元性的智库，在 2004 年 3 月几乎全部从日本消失了。只不过，与其他组织比起来，东京基金会可以说现在仍在从事美国智库式的活动。

10. 之后的新动向——政党型智库

日本智库的发展曾有过上述的衰退时期，但后来又出现了新动向。

2002 年 5 月前后，以超党派议员和有识之士为中心，开始了名为"智库研究会"的智库学习班，目的是探讨设立智库的可能性。但是，因为资金等方面的问题，要构建某一智库并不现实。

在这种情况下，便转而讨论由政党建立智库，并形成结论，由参加智库研究会的议员们在各自党内摸索如何构建智库。

2004 年前后，自民党和民主党开始实际着手设立政党智库，这是变过去行政中心的政策制定为政治主导的动向或政党组织改革等的延伸。结果，民主党在 2005 年设立了"公共政策论坛"，自民党在 2006 年设立了"智库 2005·日本"。

除此，从另外一个侧面也体现了政党智库创设的必然性。

20 世纪 90 年代泡沫经济崩溃，日本经济陷入长期低迷，从这一时期前后开始，自民党一党专政的五五年体制、霞关（行政）主导的政策制定以及政治制度出现了制度疲劳状况，它的问题被人们陆续指了出来。

从 20 世纪 80 年代中曾根政权成立前后开始，政治家们也开始意识到迄今为止的国家统治，如果不思改变的话，将难以为继。

但是，过去行政中心的政策形成因为太过有效地发挥了作用，所以能够从根本上改革这个框架，有效发挥立法机构、议员、政党等的作用，创造性地开展政治主导下的政策制定的基础设施并不完善。因此就产生了这样的失败：1993 年成立的细川政权打破五五年体制，有志于政治主导，却因为没有足够的基础设施和人才，最后反被官僚所控制。

有鉴于此，正如 1996 年成立的桥本政权实施的行政改革所象征的那样，中央省厅改革、首相官邸改革等为实现政治主导的种种改革被相继实施（只是，这一改革都是在与行政部门的妥协中进行的，所以事实上并没有改变行政中心政策制定的根本）。

充分利用这一改革成果的是小泉政权（2001 年诞生），它通过利用经济财政咨询会议等，给人们留下了政治主导的印象。

但是，小泉政权与其说是利用外部的人才或卓见来实现政治主导，不如说它更多的是利用官僚中的改革派来提出新的政策和改革，抑制既有的官僚机构，从而实现政策运营的。

发挥小泉改革引擎作用的是竹中平藏。他在自己的书中表达了这样的观点：学者和民间（外部）无法贡献对政策制定现场起实际作用的卓见或创意。

这个观点的意思是说，学者和民间人士，即便有很多创意和建议，其也都是在不了解政策制定现场的情况下提出来的，无法成为争分夺秒的政策制定现场中实际又实用的卓见，日本的政策制定体系也并不擅长利用中长期的规划或创意〔换种说法就是，行政部门或政界没有也不懂得如何利用调查研究素养（research literacy）〕。也就是说，日本并没有把"知"与"治"结合起来，因此，也就无法建成美国式智库。

在这样的背景下，日本政党可以说是因为意识到政治主导有进一步推进的必要，同时也关注到海外智库的活跃情况，才有了设立政党智库的行动。

当时笔者一直有志于在日本创设"民间非营利独立型智库"。基于这个想法，还参与创建了东京基金会。但是，智库本来的社会作用在日本并不被人们所熟知和理解，导致智库运营起来相当困难；即便智库取得了政策研究的成果，也很少有部门能够在工作中准确地加以利用；民间几乎不存在足以支撑公益思想与灵活性并重的民间非营利独立型智库活动的资金。由于以上这些原因，就当时来看，日本民间非营利独立型智库的设立短时期内仍非常困难。

从这个意义上说，设立并运营前述政党型智库，并将其成果活用到政策制定的实践中去，具有很强的现实意义和可操作性。

　　自民党与民主党两党都邀请笔者参与它们智库的创设活动，笔者最终决定参与自民党智库的创设，并着手开展了创设和其后的政策活动。

11. 政党智库的尝试和现实

　　智库 2005·日本在设立的过程中，在自民党党内遭遇了种种困难甚至反对，在 2005 年邮政民营化的选举中，也经历了一些波折，但还是在 2006 年 3 月以法人身份成立了。成立之后，又遇到了很多的课题和问题，虽未获得很高的社会评价，但该智库也进行了以下几项尝试并取得了一些成果。

　　这里就举几个例子。

　　①支持"涨潮政策"。该智库承接的委托研究项目"日本经济实现 3% 增长的经济政策"，不仅制定了以 2006 年当年"涨潮政策"（该政策试图通过经济增长和景气对策增加企业收益，使税收自然增加，从而达到财政重建、基础财政收支平衡的目的。——译者注）为主线的强有力的政策方案，而且制约了行政部门中的反对意见，为自民党的政策制定做出了很大贡献。

　　当时有关财政重建的讨论，围绕着削减年度开支、通过经济增长增加税收、增税三个关键点展开。关于经济增长的争论很大，相关大臣、一般行政官员、自民党干部都卷入了这场争论。

　　以财务省为中心的行政部门一贯主张经济高增长是不可能设定的目标。针对这一论调，以自民党政策调查会会长中川秀直（现任干事长）为中心的自民党，灵活运用该智库这一项目的研究成果进行了反驳，主张采取高经济增长率这条路线也能够抑制高增税。并且，这一经济增长战略路线还成为后续安倍政权的一项重要政策。

为什么能够像这样抑制行政部门的主张，而做到由政治主导决策的方向呢？

这得益于该项目所做的实证分析，即诺贝尔经济学奖得主劳伦斯·R.克莱因教授带领研究团队，运用适合日本当下经济实况的经济模型，做了一番模拟演算。当然，行政部门也有它的经济分析模型，但是，这一模型本身未必就贴近日本当时的现状。

日本的政策信息向来由行政部门独自掌控，除此之外没有哪家机构能够提供准确的经济政策信息。但是，这一次是经济模型之间的对抗，因为该项目成果无懈可击，行政部门以及政界都无人能提出反对意见。正因为有了这样的信息在手，政治才能够驾驭行政。

这样的事情在过去的政策制定中几乎不曾见过，这无异于是日本政策制定史上的一次"革命"。

②支持政权的建立和运营。安倍政权继承小泉政权，于2006年9月组建。

在该政权确立的过程中，智库组建了TF（政策特别工作小组），通过各种形式提出了确立和运营政权的具体建议和建言。这方面的具体情况现在还不便详述，但确实被参与政权确立和运营的人士所参考。

③政策营销的尝试。选举制度的改革使得现在的小选区制变得意义重大。这一制度为两党制及2009年政权更替可能乃至最终实现做出了贡献。另外，政策形成中政治的重要性正在不断增强。因此，在准确把握民意制定政策，或将政策准确传达给国民或选民这一点上，过去以行政为中心的或是来自业界等

的信息存储和政策制定，以及中选举区制时代通过议员了解民意的做法已经根本不起作用了。

也就是说，小选举区制被引入的同时，政界、政党本应开发出把握民意的新式手段，却并未这样去做。虽然现在也有舆情调查，但见不到超越以往的内容。根据不同选区采取更加细致的方式来把握民意，或持续收集和分析民意信息，在此基础上制定政策，这些构筑选举战术的方法和步骤，即政策营销还是有必要的。

基于这样的认识，智库2005·日本通过"桥川家项目"以及"选举胜利100招"等研究项目，从选民、居民而非政治的视角对各个选区都进行了政策分析。结果发现：不仅不同选区政策的优先顺序显著不同，而且候选人与选民、居民之间的政策分歧、对自民党的不满和反感、选民对自己的想法不被理解的不满等也都是存在的。

因为用的都是新手段，所以很难说项目成果得到了多数议员或全党的理解。尽管如此，还是有部分议员在选举中有效地利用了这些成果。相信今后这种政策或政治营销会变得越来越重要。这种对选举有功的政策研究有望成为政党智库的重要活动之一。

作为政党智库，智库2005·日本得以在几项新尝试和政策制定中施加影响，但在现实中也遇到了种种障碍。自民党沦为在野党之际，智库运营变得严峻起来，并于2011年2月正式解散。

这里笔者尚不能详述所有的具体情况，但是可以将政党智库运营有关的几个课题或问题列在下面。

·党的执行部短期内不断变化导致党和智库的关系不稳定。

·选举实施的可能性和不确定性使得经费分配重点倾向于

选举，与此同时缩减了其他开支。也就是说，选举的比重大于研究。

・与上面这点也有关系，政策研究经费受到限制。

・经费有限加上人手有限，能做的事情也就有限。

・对霞关之外政策信息的构想与现实。

・需要一定时间才能出成果的"研究"与瞬间翻盘的"政局"之间存在差距。

・政治存在容易重视短期成果或效果的倾向。

・缺失或缺乏政策研究的相关素养（理解研究并利用研究的能力）。

・政治上专业职员使用方法存在问题。

・议员与党的职员、议员秘书之间在分工上存在摩擦。

・同一个政党中混杂着各种各样想法的议员。

・议员日程或时间上的制约。

从笔者自身的经验来看，政党智库运营得好的话，也能够在日本政策制定中，发挥一定的作用，但现实中就像这样，有着很多的问题和制约。当参与其成立的议员处在党和政权的中心时，智库2005·日本就有一定的存在感，成果也容易得到利用，但是当政权或执行部发生更替，与执行部的距离增大，那么就算仍有一些议员支持智库，其运营实际上也变得严峻起来。

自民党作为执政党时，智库需要与行政机构竞争，但因为规模有限，能做的事情也就有限。而当自民党变成在野党时，来自行政的支持减少甚至没有了，本来政党智库的作用应该变大，但因为预算有限，拨给成本中心智库经费一事实际上就变得困难起来。

民主党智库"公共政策论坛"也在执行部更替、民主党变为执政党的过程中，陷入了休眠状态。菅直人主政时，好像也曾利用它从事新议员教育和新信息的发布，但现实中它能够发挥智库本来作用的可能性很小。

12. 不同智库类型的特征

在积累这些经验的过程中，笔者开始思考民间非营利独立型、政党、派阀或特定议员这三种类型智库的特点。表 3 是笔者对它的总结。

表 3　智库比较

种类 项目	政党智库	派阀或特定 议员的智库	民间非营利 独立型智库
政局的 影响	大。执行部一旦改变就有可能发生大的变化。特别容易受选举的影响	比较稳定	稳定
政治理念	不固定（受执行部变化的影响）	不变	不变
财务状况	严峻	严峻。不过，也取决于首领的决断	严峻（非营利部门获得的资金很少）
研究课题	能够获得全党和全体议员赞同的课题设置或建言非常困难。政治家缺乏调查研究素养	因派阀的不同而不同	课题也可能独立设置，但根据预算决定
研究周期	必须在超短时间内给出结论	比较短，需要有结论	根据预算决定
其他	现在的主要政党都混杂着不同价值观的小团体或议员，全党的统一很难做到；政党智库在预算上或需作另项编制	由价值观相对一致的议员组成。因此，研究课题的设置相对容易	需要一定程度上充沛的资金或有充沛资金流动的非营利部门

资料来源：笔者制作。

从笔者的经验及现阶段的情况来看，正如该表所示，在日本，派阀或者特定议员的智库比政党智库运营得更稳定，可能性会更大。

英国有一定数量政治色彩比较浓厚的智库。但这些智库不是政党智库，而是与特定的实力政治家（例如，布莱尔、撒切尔夫人、布朗等）关系密切的智库，也就是接近这里所说的派阀或特定议员的智库，具备一定的影响力。这也可以成为接近政治的日本智库的参考。

再补充一点，那就是运营政党智库，并不是在党的预算中另设一项智库名目，或由全党讨论确定研究课题，而是有必要将执行部（这个执行部必须持续一段时间）能够决定的事情等等规则化。

13. 日本智库最近的动向

尽管成立之初人们对政党智库充满期待，但是无论是自民党还是民主党，都没有充分发挥它们的作用和展示其可能，结果不是消亡就是进入了休眠状态。20 世纪 90 年代后半期成立的独立型智库除了一小部分外，也都失去了活力。

即便在这种状况下，被称为小泉智库的国际公共政策研究中心（2007 年 3 月成立）、佳能公司研究全球政策的佳能全球战略研究所（2008 年 12 月成立）、以保守派知识分子等为中心组成的国家基本问题研究所（2008 年 12 月成立），以及探索企业新的社会可能性，并将企业现场的活力运用于研究的理光经济社会研究所（2010 年 4 月）等智库先后成立。

这些组织独立地开展活动，但因为成立时间不长，还很难对其在政策制定和社会上的影响力做出正确评价。能否成长为美国式智库还要看它们今后的活动。

一些离职的官员开设了"政策工房""青山社中"这样的从事政策相关活动的场所并活跃其中。还有另外一些动向，以不同形式探索着新的可能性，如2011年4月在关西成立的亚洲太平洋研究所（API）、经济团体的智库构想、贴近政治型的智库等。作为日本智库可能性上的尝试，笔者还将继续关注它们的后续发展。

14. 今后的可能性

像这样，日本智库确实经历过各种各样的尝试，现在尝试也仍在进行当中。尽管这些尝试大多以美国式智库为目标，却都没有实现。

笔者自身并不认为只有美国式智库才是智库本来应有的样子。这是因为，笔者考虑，智库既然诞生于现实政治和政策形成的过程之中，那么适应日本现状的日本型智库自然也是可以有的。

但是，站在有限的二十多年经验的基础上，对于"日本为什么无法建成美国式智库"这一问题的答案和原因，笔者想概括归纳如下。

①对智库缺乏社会性视角。相对于作为单个组织（这也很重要）的存在，智库在民主主义制度中所起的社会性作用更为重要。换言之，我们应该把智库看作民主主义社会中与燃气、自来水一样的公共基础设施。

在日本一直缺乏从这一视角来对待智库。正因为如此，智库作为行政中心政策制定的补充，仅被人们从单个组织的视角来进行考察，结果美国式智库、为政策制定带来多元性的独立型智库可以说几乎无一建成。

为了使智库发挥其社会功能，如表4"欧美型智库产业与市场的性格或特征"所示，社会基础设施和社会环境的配套必不可少。

表 4　欧美型智库产业与市场的性格或特征

		构成要素	特征、背景或条件
产业的性格	生产活动	政策研究 政策建言 代替方案、评价、提供事例	政策研究的质和量 政策科学的发展 政策质量的提升
	素材投入	数据/信息	信息公开的原则 获取信息的难易度
	成果	图书出版 听证会、证言 会议、研讨会公开发表	信息的提供和公开 议题材料的展示
	资金来源	财政资金 民间资金 （基金、财团、企业、个人捐款）	研究委托、契约、竞标 慈善事业（税收优惠措施）
	劳动力/职员	研究者 民间非营利"经营者" 理事	流动性大/旋转门 社会习惯、非终身雇佣 多彩职业生涯的可能性
市场的性格	受众/消费者	政策制定者/政治家/行政官员 大众传媒 一般民众	需要建言、替代方案 需要宣传政策课题 需要理解的质量、解释、翻译
	市场基础	社会环境	政策导向型社会、民主主义志向、有限政府、三权分立 政策制定的透明度 竞争、速度、灵活性

资料来源：铃木崇弘、上野真城子《世界的智库——连接"知识"与"治理"的机构》，SAIMARU 出版会，1993。

　　举例来说，基础设施和环境指的就是，"存在能够从事政策研究、非营利组织能够开展活动的非营利部门，并有资金流向

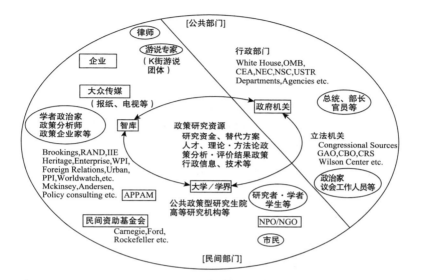

图1　美国的政策研究市场

注：White House，OMB 为白宫、行政管理和预算办公室；CEA 为经济顾问委员会；NEC 为国家经济委员会；NSC 为国家安全委员会；USTR 为美国贸易代表办公室；Departments，Agencies etc. 为政府部门、政府机关等；Congressional Sources 为国会信息来源；GAO 为美国政府问责办公室；CBO 为美国国会预算办公室；CRS 为美国国会研究服务部；Wilson Center etc. 为威尔逊中心等；Brookings 为布鲁金斯学会；RAND 为兰德公司；IIE 为国际经济研究所；Heritage 为传统基金会；Enterprise 为美国企业公共政策研究所；WPI 为斯特理工学院；Foreign Relations 为对外关系委员会；Urban 为城市研究所；PPI 为美国进步政策研究所；Worldwatch，etc. 为世界观察研究所等；Mckinsey 为麦肯锡；Andersen 为安达信；Policy consulting etc. 为政策咨询等；APPAM 为美国公共政策与管理大会；Carnegie 为卡内基；Ford 为福特；Rockefeller etc. 为洛克菲勒等。

资料来源：由黑泽善行制作而成。

这些地方""行政与民间之间不乏人员交流，存在能够了解政策制定现场并从事研究的人才""公开政策相关信息""政策制定过程透明""等。

有了这样的基础设施和社会环境，美国式智库，抑或为政策制定过程带来多元化的独立型智库才会持续不断地成群结队地诞生，智库产业和市场也才能建立。其结果，政策研究相关的各种机构、团体等参与者才能形成如图 1 所示的"美国的政策研究市场"那样的市场。日本已经存在部分市场，但正如后面⑦所提到的，每个市场都只是点状的存在。在配套新的基础设施和社会环境的同时，今后还必须改善这一状况。

②政策研究资金的缺乏。如①中所述，从笔者以往的经验来看，日本要设立和运营美国式智库或独立型智库最大的障碍还是资金问题。

日本的行政部门中存在用于委托研究的流动资金。但是，在委托研究资金之外，却几乎没有独立的流动资金为政策制定过程生产多元性的政策信息或政策参与者。因为缺乏这样的资金源或流动资金，日本才无法建成美国式智库。

因此，有必要重新创设一笔用于政策研究的流动资金。有几种方法可以考虑。改革捐赠税收制度，通过捐赠来筹得资金本来令人期待，但是，日本的捐赠文化尚未形成（有也是形式有限），所以有必要考虑创设一种制度，使得部分税金可以用于政策研究等。

具体来讲，可以考虑以下方案。

·匈牙利的百分比法，指的是匈牙利制定了纳税人可以将所得税的特定比例（例如 1%）交给自己选择的公益机构的制度。

·作为国会的独立机构，设置一个能够依靠税金推进民间非营利组织政策研究和政策评价的机构。

·制定一个政府保留 1% 的新预算科目，由大臣裁量，将其用于民间第三方政策评价的制度。

·公开行政部门所有的委托研究成果，使研究的实施更为公平，成果能够得到社会的有效利用。

·规定必须将政党资助金的一部分用作政策研究资金。

关于最后一点，略作一些说明。

以政党智库为首，政党或政治在政策研究资金运用方面，可以参考韩国的例子。在韩国，政党国库辅助金的百分之三十有义务用于政党智库的设立、运营以及项目预算。不仅是政党，市民也都认为，国民需要这样的智库，为此就可以动用税金。国会中第一大党，新世界党智库汝矣岛研究所的预算规模，每年大约有 70 亿韩元。而民主党智库民主政策研究院的规模为每年大约 40 亿韩元。这些智库因为离政治太近，研究大多比较短视，这是事实，但是日本也可以考虑将政党资助金的一部分限定使用在政策研究等方面。

③政策人才的缺乏。这一点与①也有连动关系。如前所述，从事政策制定或政策研究工作的人，必须具备丰富的经验和能力，包括了解政策的现场和专业性、学术知识以及策划能力、企业家精神、经营能力、沟通能力等。行政部门与民间部门之间已经有了一些人才交流，但是兼具多种素质的人才在日本仍非常有限。可以说因为几乎没有这样的人才，日本才无法建成美国型智库。反过来，美国型智库是连接政治或政策制定与研究的桥梁和中介。在美国，也可以说因为有了它的存在，才诞生了大量具备多种素质的人才。这一点与鸡生蛋还是蛋生鸡的争论相类似。

在这个意义上，为了培育智库，就必须设计产生人才的社会制度。从这个观点来看，公务员制度的彻底改革势在必行。

另外，前面提到，自小泉政权之后，与行政部门和政权运营建立联系的学者、有识之士、民间人士逐渐增多。以民主党为中心的政权也是如此，无论是固定员工还是临时工，抑或党的干部，有越来越多样的人才参与到行政部门和政权中来。而辞去官职重返民间开展活动的人才也增多了。这些人才对于日本今后建成美国式智库，必将发挥重要的作用。

④"行政中心的政策制定"的思维模式。在日本，行政中心的政策制定曾长期成功地发挥着作用并取得了成果。结果，本该控制行政部门的政界，也根深蒂固地认为政策制定方面"行政中心的政策制定"是正统和正当的。关于政策制定的思考也因此始终跳不出传统模式的束缚。

国民也有着同样的思维模式。这表现在政策如果出了问题，国民首先想到的是行政部门可恶，或对行政部门提出要求。

这种思维模式延长了迄今为止行政中心政策制定的寿命，也是日本无法建成美国式智库的原因之一。

为了摆脱这样的状况，就必须具备国际视野，从治理的角度思考应该如何制定政策，在日本全社会构建新的"思维模式"①。这里当然包括构建美国式智库得以成长的社会环境和基础设施。在这种情况下，打造相互竞争的智库产业环境比单个智库（的成立与消亡）更加重要。在这里，特定智库的消亡并不重要，新组织诞生，不断有多家智库存在并相互竞争的状态才是必要的。

⑤社会状况与民主主义。日本社会迄今为止从未从正面思考过民主主义。

2009 年的政权更替以及其后的状况显示，人们简单地认为只要实现了政权更替，日本的政治和政策就会好起来。以为如

---

① 此次东日本关东大地震是一次巨大的不幸，但可能成为把握这样的新"思维模式"的机会。

果政权更替了，政界、议员尽力了，摆脱官僚统治、实现政治主导就没有问题。

但是，现实并非如此。这一点从 2009 年民主党实现政权更替以及其后的经过就可以看得很清楚。

如图 2 "'民主主义'的真谛"所示，民主主义（社会）本来是通过取得政治诉求（民意）与专业性之间的平衡来运作的。而且，为了实现政治主导，其专业性只有通过比较和讨论来自行政部门和其他不同信息源的见识才能发挥作用。在这里，发挥重要作用的就是美国式或独立型的智库。

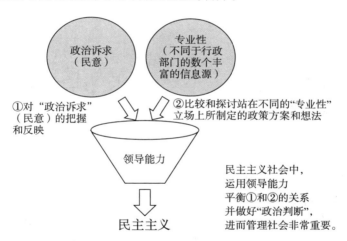

图 2　"民主主义"的真谛（政治诉求与专业性的平衡）
资料来源：笔者制作。

民主主义要起作用，就需要多方的政治参与者。据此根据需要来进行政权更替才有意义。如图 3 "'政权更替'的应有面貌"所示，政权更替中重要的不仅是执政党的更替、政权的改变，实施的政策和政策实施的手法也有了重大改变，亦即发生了"政策更替"。

　　这样想来，民主党虽然在形式上实现了政权更替，但是在政策上却因循守旧，在政治手段上也加强了对行政部门的依赖，让人有一种"政治主导"的呼声烟消云散的感觉。

　　为什么会这样呢？这是因为民主党在在野时期，能有充足的时间制定政策，而一旦取得了政权，就没有了自己独立制定政策的时间和心情。政权或执政党必须时常监督和控制行政部门及政策相关活动。但议员也要开展选举活动，在现实中不可能做到这一点。而且与在野时期不同，一旦其成为执政党，政策就会受到现实的束缚，被要求作出恰当的应对和决断。多数议员都无法应付这样的事情。

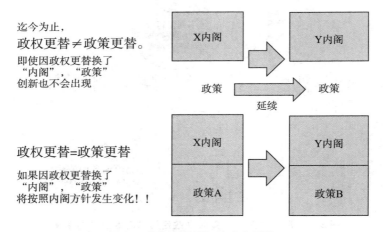

图 3　"政权更替"的应有面貌

资料来源：笔者制作。

　　也就是说，社会需要人才、基础设施或组织来替代议员思考政策，监督并控制行政部门的作为。能够承担这一功能的就是美国式智库这样能够站在现实政策和政治基础上从事政策研究的组织。

　　民主党通过成立政党智库部分地实现了这样的组织建构，

但是并未有效地加以利用，夺取政权后，就被现实状况裹挟而无从应对。

以民主党为中心的政权现状显示了日本并没有建成美国式智库，且再次印证日本的政治和政策制定需要美国式智库或脱离行政部门和企业等的独立智库。

从这个意义上说，这次政权更替所反映的政治状况让人们重新思考日本民主主义的应有状态和美国式智库，发展民主主义和美国式智库的契机正在到来。

⑥调查研究素养的欠缺。日本过去都处于追赶阶段，制定政策时，往往会有先例。但是，像现在这样日本变得富裕起来，社会价值观越来越多样化以后，就不得不自己制定政策。这种情况下，就有了根据正确的调查研究和数据，制定政策的必要性。

但是，无论是行政部门还是政界，迄今为止都没有多少这样的经验。也可以说，缺乏调查研究素养。也正因为如此，日本才无法建成美国式智库。

从这个意义上讲，我们寄希望于行政部门和政界今后能够利用并培养具备这种素养的人才。

⑦存在所有点都未连成线或片的状况。如前所述，日本成立了各种各样的智库，涌现了一批了解政策现场的政策人才，诞生了许多政策相关大学和学会，而且出台了非营利组织的法人制度以及具备产生政策市场和产业可能性的法律制度等。但是，它们始终仅仅是作为一个个点而出现的，并未连成线或片。可以说这也是日本未建成美国式智库的原因。

为什么会这样呢？这都是因为缺乏可以被称为血管或血的流动资金。没有它，就无法推进能将这些点连成线或片的政策研究。

为了改善这一状况，就有必要确保这样的流动资金。关于这一点，请参照前述②。

15. 结尾

至此，笔者围绕"日本为何无法建成美国式智库"这一题目，从日本智库的历史、背景包括实践等多方面进行了论述。

迄今为止日本智库建构的步伐可以说是一进一退，但还是让人感到了巨大的可能性。思考今天和今后的智库状况，笔者断定"日本需要美国式智库"的想法是准确无误的。

去年年底，笔者有机会了解了中国和韩国智库的发展现状。

据说，韩国成立了多家民间独立型智库和政党智库，扩大了社会影响力，越来越成为亚洲的智库大国。

中国智库这几年也有了快速发展，智库数量急剧增加。过去的智库几乎都是政府智库或准政府智库，近年来，中国也诞生了非政府型智库（企业智库、大学智库、市民非营利型等的研究所），例如，北京天则经济研究所等。

从世界范围来看，中国这样的社会主义或共产主义国家有着在制订国家计划时灵活利用研究机构的土壤和历史。考虑到世界大多数经济转型的国家在民主化的过程中智库都发挥了重要的作用，那么可以说在民主化中前进的中国，这样的情况也正在发生。

如前所述，日本现在也是一个由官僚主导制定政策的国家，所以从某种意义上说，日本是国家社会主义国家。日本在战后也制订了国家计划（例如，全国综合开发计划等）。与海外社会主义国家不同的是，制订这个计划的不是研究机构，而是官僚。在这个意义上，日本是作为独立运营的国家或政府一路走来的。日本正因为有了战后的成功，所以在其延长线上，可以不以调查研究为基础，进行政策制定和国家或政权的运营。

想到这一切，就对日本现状和其变化或改善的速度之慢感到非常焦虑，也为中国和韩国的进步感到"紧张"。

日本现在经济低迷、混乱、充满闭塞感。东日本关东大地震造成日本社会越发混乱和困难。在与海外的比较当中，日本国力在加速下滑。形势非常严峻。

但与此同时，现在的日本也有它的优势和过去积累下来的富庶。为了守护住它们，建设更美好的社会，日本现在到了必须改变以往的惰性，不再固守陈规，在把握全球现状及未来的基础上，思考如何创新日本社会治理的时候了。在这样的考察中，从社会性的观点出发，思考在日本如何建设（美国式）智库，将是一个非常有效的视角。

笔者期待不久的将来，日本也能诞生许多（美国式）智库，并形成智库的产业和市场。

笔者自身今后也将继续为（美国式）智库诞生的社会环境培育及其创设尽绵薄之力。

如果说我们是浪漫主义者，是不可救药的理想主义分子，我们想的都是不可能的事情，那么我们将一千零一次回答，是的，我们就是这样的人。

——切·格瓦拉

参考文献

欲更详细了解本论文相关内容的读者请阅读以下文献。

西田睦美著「ニッポンこの20年　第4部政治漂流」日本経済新聞2011年1月16日号

鈴木崇弘著「韓国開催のフォーラムで東アジアの新しい可能性を

感じた」朝日新聞 WEBRONZA 2010 年 12 月 30 日

鈴木崇弘著「韓国はアジアのシンクタンク大国だ」朝日新聞 WEBRONZA 2010 年 12 月 10 日

小池洋次編著『政策形成』ミネルヴァ書房 2010 年

鈴木崇弘著「民主党政権の混乱は必然だった」朝日新聞 Globe 面 2010 年 8 月 16 日号

竹中平蔵他著「対談　政策決定とシンクタンクの役割」G‐sec Newsletter 2010 年 8 月 16 日号

鈴木崇弘著「シンクタンクから考える海外と日本」TASC Monthly たばこ総合研究センター（TASC）2009 年 6 月号

横江公美著「アメリカのシンクタンク…第五の権力の実相」ミネルヴァ書房 2008 年

竹中平蔵他著「座談会　政党系シンクタンクへの期待」G‐sec Newsletter No. 3 2007 年 10 月 1 日

鈴木崇弘著『日本に「民主主義」を企業する』第一書林 2007 年

小林英夫著『満鉄調査部の軌跡』藤原書店 2006 年

中川秀直著『上げ潮の時代　GDP1000 兆円計画』新潮社 2006 年

世耕弘成著『自民党改造プロジェクト 650 日』講談社 2006 年

小林英夫著『満鉄調査部…「元祖シンクタンク」の誕生と崩壊』平凡社新書 2005 年

横江公美著『第五の権力…アメリカのシンクタンク』文芸春秋新書 2004 年

塩崎恭久著『日本復活…「壊す改革」から「つくる改革」へ』プレジデント社 2003 年

鈴木崇弘、上野真城子著『世界のシンク・タンク…「知」と「治」を結ぶ装置』サイマル出版 1993 年

译后记

2016 年年初的一次工作会议上，我所在的中共中央党校文史教研部外国语言与文化教研室主任，也是我参加的中共中央党校文史教研部"国外政治文化研究"创新工程项目组首席专家肖宏宇老师向大家谈起她的一个设想，计划利用学校创新工程的经费和室里教师的语言优势，出版一个有关智库方面的译著系列。在她身先士卒赴国家图书馆查阅大量英文文献寻找合适翻译书目的精神感召下，我也开始关注日本智库方面的相关著作。

近年来，国内智库建设方兴未艾，智库相关的研究成果也有不少。但我之前对这方面的关注并不多。在肖老师的鼓励和支持下，我决定闯进这片天地。经过查找书目、阅读比较等一番基础性工作之后，我选择了《何谓智库：我的智库生涯》这本书。该书以自传体的写作方式，用娓娓道来的语言风格，具有理论联系实际及放眼世界的鲜明特点，其在日本亚马逊网站获得读者 5 星好评的成绩也给了我信心。当我向肖老师推荐这本书时，很快便得到了她的肯定。

通过出版社的选题论证后，出版社委托我联系作者铃木崇弘先生以获得翻译版权。没有联系方式，我便在网上多方寻觅。

幸运的是，我给日本 PHP 研究所网站个人信息管理委员会发去的求助邮件并没有石沉大海，那里的工作人员很快把我的邮件转给了铃木先生本人。就像此书留给我的印象一样，铃木先生是一位对事业充满热情、富有社会责任感的人。他当即给我回了邮件，爽快地答应了我的翻译请求，并帮助我取得了出版社的授权。同时，他还把自己之后在《政策·经营研究》杂志上发表的论文《日本为何无法建成美国式智库?》推荐给我，建议翻译后一并放入，作为对早先出版的这本书的一个补充。

为了翻译好这本书，我从知网下载了不少相关的研究论文来学习，也购买了多册新出版的相关研究书目作参考。这样的前期工作既帮助我尽可能地避免翻译时不该犯的错误，同时也让我更好地理解了这本书的独特价值，增强了翻译它的信心。未来社会的健康发展需要更多的优秀智库发挥作用。各国都在实践中探索优秀智库的应有模式。日本也不例外。尽管理想和现实还存在着不小的差距，但本书作者并不悲观失望，而是面向未来，寄希望于年青一代。正因为如此，书中处处能够体会到作者作为资深智库从业者那份对事业、对社会、对国家的深切情怀，相信这样的文字同样也能召唤中国的读者从不同的立场加入理解智库、建设智库、活用智库的行列中来。果真如此，我翻译本书的目的也就达到了。期待看到这样的结果。

本书的翻译虽几易其稿，但恐仍有错误，文责理应自负，欢迎读者批评指正。

最后，我要感谢肖宏宇教授大力促成了本书的出版，感谢北京大学国际关系学院梁云祥教授为本书精心作序，感谢社会科学文献出版社高明秀、王小艳编辑的倾力协助。同时，我也要感谢家人一直以来对我的不懈支持。

　　本译著由中共中央党校文史教研部承担的创新工程项目"国外政治文化研究"资助出版，系该创新工程项目的科研成果之一。

潘郁红

2018 年 10 月 12 日

图书在版编目（CIP）数据

何谓智库：我的智库生涯／（日）铃木崇弘著；潘
郁红译. -- 北京：社会科学文献出版社，2018.12
ISBN 978 - 7 - 5201 - 4067 - 6

Ⅰ．①何… Ⅱ．①铃… ②潘… Ⅲ．①咨询机构 - 研
究 - 日本 Ⅳ．①C932.831.3

中国版本图书馆 CIP 数据核字（2018）第 295217 号

何谓智库：我的智库生涯

著　　者／〔日〕铃木崇弘
译　　者／潘郁红

出 版 人／谢寿光
项目统筹／高明秀
责任编辑／王小艳

出　　版／社会科学文献出版社·当代世界出版分社（010）59367004
　　　　　　地址：北京市北三环中路甲 29 号院华龙大厦　邮编：100029
　　　　　　网址：www.ssap.com.cn
发　　行／市场营销中心（010）59367081　59367083
印　　装／三河市东方印刷有限公司

规　　格／开　本：880mm × 1230mm　1/32
　　　　　　印　张：8.625　字　数：207 千字
版　　次／2018 年 12 月第 1 版　2018 年 12 月第 1 次印刷
书　　号／ISBN 978 - 7 - 5201 - 4067 - 6
著作权合同
登 记 号　　／图字 01 - 2019 - 0247 号
定　　价／69.00 元
